科创孵化器定位、运营与空间设计

深圳市建筑设计研究总院有限公司　主编

中国建筑工业出版社

图书在版编目（CIP）数据

科创孵化器定位、运营与空间设计 / 深圳市建筑设计研究总院有限公司主编 .—北京：中国建筑工业出版社，2021.8

ISBN 978-7-112-26416-2

Ⅰ．①科… Ⅱ．①深… Ⅲ．①高技术企业—企业孵化器—研究—中国 Ⅳ.①F279.244.4

中国版本图书馆CIP数据核字（2021）第162133号

责任编辑：费海玲 张幼平
责任校对：赵 菲

科创孵化器定位、运营与空间设计
深圳市建筑设计研究总院有限公司 主编
＊
中国建筑工业出版社出版、发行（北京海淀三里河路9号）
各地新华书店、建筑书店经销
北京方舟正佳图文设计有限公司制版
北京中科印刷有限公司印刷
＊
开本：787毫米×1092毫米 1/16 印张：7½ 字数：135千字
2021年8月第一版 2021年8月第一次印刷
定价：**68.00**元
ISBN 978-7-112-26416-2
（37158）

本书编委会

主　编：曹绘嶷

副主编：黄吉乔　郭永安

编　委：刘艳霞　彭新才　鲁　皓　雷灿阳　唐岳麓　戴海龙

顾　问：李　伟　王　珩　刘国恩　陈志中　苗东亮

前　言

近年来，随着创新创业高速发展，孵化器如雨后春笋般涌现，但是目前孵化器发展普遍存在一些问题。一是定位偏离。部分产业园区把孵化器当作政绩工程或争取优惠政策的工具，服务流于形式和表面，未能发挥孵化器应有的作用。二是效益偏低。孵化器运营团队缺乏经验和专业能力，难以为初创企业提供足够的创新创业支持。三是运营困境。目前有不少孵化器处于亏损状态，经营状况不佳。

国内对孵化器的研究也存在一些不足之处：一是大多停留在理论和理想化的层面，就孵化器论孵化器，缺乏对孵化器所在地发展背景、产业环境和限制条件的深刻认知，不足以指导具体实践，特别在产业园区前期策划阶段关于如何设置和引入孵化器的方法论几乎是空白；二是在前期策划设计阶段缺乏运营意识，对孵化器的规模布局、功能构成和关键设计要素研究不足，简单套用办公空间的设计原则，没有凸显孵化器本身的独特属性，难以满足后期运营和业态需求。

本项目研究将系统分析孵化器发展现状和趋势，为孵化器的精准定位、科学规划设计、有效的运营管理提供具有针对性的策略思路和参考建议。

目 录

第一章
科创产业园区孵化器的界定

一、孵化器源起、发展及界定

1. 孵化器源起

孵化器 (Business Incubator) 又称为企业创新中心或企业创业中心，是一种新型的社会经济组织，其主要功能是通过提供场地、共享设施、培训和咨询、融资和市场推广等方面的支持，提高企业的成功率和成活率。企业孵化器于 20 世纪 50 年代发源于美国，是伴随着新技术产业革命的兴起而发展起来的。企业孵化器在推动高新技术产业的发展，孵化和培育中小科技型企业，以及振兴区域经济、培养新的经济增长点等方面发挥了巨大作用，引起了世界各国政府的高度重视，进而在全世界范围内得到了较快的发展。

全球范围内的首家孵化器"贝特维亚工业中心"于 1959 年在美国诞生，诞生之初的主要目标是缓解社区的高失业率，主要功能集中在场所和基本设施的提供、基本企业管理职能的配备以及代理部分政府职能（如一些政府优惠政策的诠释和代办）；随后孵化器作为一种有利于经济开发的新型工具得到政府的推广，伴随着风险资本的触角伸入孵化器中以及创业孵化集团的出现，孵化器呈现企业化运作趋势，孵化经营重心由孵化新创企业转向更宽泛的领域，涵盖市场机会的识别以创建企业本身。

2. 孵化器发展

1959 年美国人约瑟夫·曼库索首次提出了孵化器的概念，并在纽约成立了第一家孵化器。20 世纪 80 年代中后期，美国孵化器快速发展，涌现出大量的孵化项目，欧盟委员会也为各成员国创立孵化器提供支持。与此同时，孵化器概念也推广到了中国、巴西和尼日利亚等发展中国家，这些国家也开始建立孵化器，为在孵企业提供创业培训、种子资金和启动资金。进入 90

年代以后，企业孵化器进一步推广到波兰、以色列、韩国等国家。

孵化器是伴随着新技术产业革命的兴起而发展起来的。自企业孵化器诞生至今，共经历了四个发展阶段。第一个阶段是从孵化器诞生到 20 世纪 70 年代，为初创期，处于探索发展阶段。这一阶段的企业孵化器主要是非营利性机构，大部分是由政府和社区共同合作建立。第二个阶段是 20 世纪 80 年代。这一阶段实现了孵化器经营主体从单一模式向多元化方向的转变。经营主体变为政府部门、企业、研究机构、高校等，政府转向为这些经营主体进行信息协助和网络支持，并开始重视软件建设。第三个阶段是 20 世纪 90 年代，这是孵化器发展的集成化阶段。这一阶段的显著特点是随着互联网经济的兴起，科技型企业与孵化器的结合更加紧密，孵化器逐渐向"虚拟化"发展，工作重点从向在孵企业提供各种支持与服务转向整合在孵企业所急需的各种资源，从而形成一个巨大的关系网络平台。这一阶段以创业者、经营者、投资者共同组成企业孵化器的支持网络，孵化器的服务对象也不拘泥于孵化器内部，逐渐涵盖了社区中的其他中小企业。进入 21 世纪，孵化器发展进入第四阶段，孵化器的国际化特征更加明显，并在一定程度上形成了竞争态势。

联合国开发计划署、联合国工业发展组织以及世界银行等国际组织对于全球孵化器的发展起到了积极的推动作用。一些发达国家的对外援助组织也纷纷帮助受援国建立企业孵化器，与此同时，大量发展中国家也实施了企业孵化器建设计划，使得企业孵化器在全世界得到了广泛的应用和推广。

3. 孵化器界定

发展至今，由于孵化器建立的原因和目的各有不同，国内外对于孵化器的概念并没有达成一致。联合国计划开发署（UNDP）把孵化器定义为专门为培养新生企业而设计的一种受控制的工作环境。美国孵化器协会认为孵化器是一个企业发展的加速器，它培育年轻的企业，并帮助它们度过最需要帮助的创业初期阶段。

2018 年我国科技部印发的《科技企业孵化器管理办法》对科技企业孵化器的表述为：科技企业孵化器（含众创空间等各类科技创业孵化载体）是以服务大众创新创业，促进科技成果转化，优化创新创业生态环境，培育企业家精神为宗旨，面向科技型创业企业和创业团队，提供物理空间、共享设施和专业化服务的科技创业服务载体。孵化器是国家创新体系的重要组成部分，是创新创业人才的培养基地，是大众创新创业的支撑平台。

2016 年深圳市科技创新委、深圳市规划国土委印发《深圳市科技企业孵化器用地用房操作办法》，其中对科技企业孵化器的表述为："以培养各类科技企业和企业家为宗旨的各类机构的统称，包括创客空间、创业苗圃、企业孵化器、企业加速器等。"2020年深圳市出台的《深圳市科技企业孵化器和众创空间管理办法》将科技企业孵化器表述为"以科技型初创企业为主要服务对象，通过提供创业场地、共享设施和专业化服务，降低创业成本、提高创业存活率、促进企业成长的创新创业支撑平台"。

目前学界虽然对于孵化器尚未有统一明确的界定，但基本达成共识：孵化器是为高新技术产业化发展过程中的科技创新研究和科技创业活动提供综合服务的一种载体平台。孵化器通过一定的运作机制，依托于特定的空间，高度集聚科技企业成长所需要的土地、设施、资金、政策、技术等关键资源，从而为科技创新研究和科技创业活动提供重要的载体支撑和资源供给条件，为新生科技企业的成长发展打造一个优越的产业生态系统。

从建立孵化器开始，全国各地逐渐开始探索建立各具特色的科技创新产业生态园区，甚至将整座城市打造成生态科技创新城。在建设城市科技创新孵化体系中，各类科技孵化器的选址建设、运营发展往往依托于科创产业园区进行，尤其是在"双创"的大背景下，孵化器几乎成为品牌科创产业园区的标配。孵化器可以完善园区的产业生态，带来新的理念、新的商业模式和新的技术潮流。良好的孵化器运作，能持续引入人才、资金及相关资源，培养出一批种子型企业。这些种子型企业往往是市场需求旺盛的新兴企业，可以快速成长为园区的发展中坚，并带动相关产业加速聚集，因此孵化器发展成为科创产业园区发展的内源性驱动力量。

本研究所指的科创产业园区中的孵化器主要为存在于科创产业园中的、具有研发孵化功能的各类空间载体。若无特别说明，本研究中的孵化器仅指科创产业园区中的孵化器。

二、孵化器的建设目标、功能

2018年科技部发布的《科技企业孵化器管理办法》明确科技企业孵化器的建设目标是"落实国家创新驱动发展战略，不断提升创业服务能力和孵化绩效，形成类型丰富、主体多元、形态多样的发展格局，不断培育新企业，催生新产业，形成新业态，推动创新与创业结合、线上与线下结合、投资与孵化结合，培育经济发展新动能，促进实体经济转型升级，为现代化经济体系建设提供有力支持"；将其主要功能概括为"围绕科技创业企业和创业团队的成长需求，集聚配置各类要素资源，提供包括创业场地、共享设施、技术服务、咨询服务、投资融资、创业辅导、资源对接等高水平创业服务,激发全社会创新创业活力,降低创业成本,提高创业企业的成活率和成功率,以创业带动就业"。

三、孵化器的类型及特点

1. 主要类型

按照不同的划分标准,我国的科技企业孵化器类型主要可作如下划分:

按孵化的行业或技术领域,可以将科技企业孵化器分为面向各类技术领域创业的综合技术孵化器,以及面向特定行业或技术领域创业的专业技术孵化器,如生物技术孵化器、人工智能技术孵化器等。

按投资主体分类,可以将科技企业孵化器分为政府投资的孵化器、企业投资的孵化器、大学孵化器、研究院所孵化器,以及内资孵化器、外资孵化器等。

按认定层级分类,可以将科技企业孵化器分为国家级孵化器、省(自治区、直辖市)级孵化器,以及市县级孵化器。

按孵化的特定群体划分,可以将科技企业孵化器分为国际企业孵化器、留学生创业园、青年孵化器等。

按孵化器本身的所有权性质分类,可以将科技企业孵化器分为事业单位孵化器、国有企业孵化器、民营企业孵化器等。

按代理契约关系分类,可以将科技企业孵化器分为营利性孵化器与非营利性孵化器。孵化器的这种分类以创办人是否要求分配利润为划分标准,反映了创办人的根本目的和要求,决定着孵化器根本的制度模式。

按孵化器的空间分布结构来划分,可以将科技企业孵化器分为拥有单一孵化器空间的单体孵化器,以及孵化器空间布局呈多点分布的网络型孵化器。

2. 基本特点

孵化器一般具有以下特征:一是有孵化场地与公共设施,而且这种供初创企业使用的场地以弹性的共享空间为主;二是面向特定的服务对象——新创办的科技型小微企业或创业团队;三是能提供以企业发展服务为核心的孵化服务;四是具有服务导向,具备拥有复合型专业知识和能力的服务团队;五是结合外部环境与政策制定符合自身特点的孵化服务制度。

孵化器特征的外在表现为:孵化器管理团队是由熟悉科技发展和企业成长的人员组成的,且在人员数量上能够保证孵化企业所需;除了基本物理空间和共享设施外，专业孵化器还应具备与其专业方向一致的开发、测试等共享技术服务平台；具有一定规模的孵化资金，能提供降低企业创业成本、促进企业发展的融资渠道，帮助企业度过初创期的"死亡之谷"；与大学和科研院所等研究机构紧密联系，保障孵化企业能够得到源源不断的技术支持；所孵化的企业是科技创业企业，具有显著的成长潜力；当孵化企业具有一定的独立发展能力、毕业离开孵化器后，孵化器继续吸纳新的创业企业入驻，形成新创企业和毕业企业的孵化循环；孵化时间通常为3～5年；及时迁出无法取得毕业资格的企业，将孵化资源提供给其他有发展潜力的新创企业；与当地其他相关的科技服务组织紧密联系，以保证更有效地利用社会资源为孵化企业发展提供服务；不论以何种组织形式存在，孵化器本身都应该被当作企业来经营，向孵化企业提供增值服务，并获得相应的服务收益，从而保证孵化器的良性循环和可持续发展。

3. 主要形态与功能

科技企业孵化器紧紧围绕科技创业活动展开孵化服务，在服务内涵上前伸后延，产生了创业苗圃、孵化器、加速器、众创空间，以及科创产业专业园等发展形态。

（1）创业苗圃

孵化器服务向前端延伸形成创业苗圃，针对性地扮演启蒙教练的角色，帮助那些潜在的创业者达成创立企业的目标。为进一步降低科技创业门槛和成本，扩大创新创业服务对象的范围，营造局部优化的创新创业环境，鼓励以科技创业带动社会就业，在具备一定条件的科技企业孵化器、大学科技园、大学生科技创业基地等各类创业服务机构设立"科技创业苗圃"，是对个人、团队、微型企业的科技创业项目实施预孵化服务的科技创业服务平台和场所。

创业苗圃通过形成服务链延伸、技术平台支撑、产业集聚、天使投资等服务模式，充分利用孵化器资源为创业项目提供各种服务，加快创新源头的培育。因此，实践中作为创业孵化链条重要组成部分的创业苗圃一般只吸纳不需注册的创业者和创业团队，符合条件的创业项目在注册成立企业之前可入驻"创业苗圃"接受预孵化。主要通过为科技创业者完成创业前期的筹备工作提供空间、创业辅导及准孵化服务，协助其完善成果（创意）、制订商业计划、进行科研成果（创意）转化并创办企业。

（2）科技企业孵化器

科技企业孵化器也称高新技术创业服务中心（简称"创业中心"），它通过为新创办的科技型中小企业提供物理空间和基础设施，提供一系列的服务支持，进而降低创业者的创业风险和创业成本，提高创业成功率，促进科技成果转化，培养成功的企业和企业家。

创业中心是国家创新体系的重要组成部分，是区域创新体系的核心内容。以科技型创业企业为服务对象，通过开展创业培训、辅导、咨询，提供研发、试制、经营的场地和共享设施，以及政策、法律、财务、创业投资、企业管理、人力资源、市场推广和加速成长等方面的服务，以降低创业风险和创业成本，提高企业的成活率和成长性。

（3）科技企业加速器

科技企业加速器（Enterprise Accelerator）是介于企业孵化器和科技园区之间的一种中间业态，是一系列服务的提供者、组织者和管理者，也是科技园区从外延式扩张进入内涵式扩张的初步尝试，通过服务模式创新，充分满足企业对于空间、管理、服务、合作等方面的个性化需求，是具有更强的集群吸引力和创新网络形态的创新空间载体。科技企业加速器主要以快速成长企业为主要服务对象，通过聚焦优势资源，从体制机制创新、产业组织创新和服务模式创新等方面，有针对性地满足入驻企业对于发展空间、商业模式、共性技术开发、检测中试、知识产权、股权投资、人力资源、设施管理等各方面需求，多方面保证科技企业加速发展。

（4）创客空间和众创空间

创客空间的概念源自国外，是在创客运动浪潮下自发产生的，为创新创业者提供的开放性、分享式平台空间。创客空间向成员提供物理工作空间和工具设备，组织工作坊和群体会议，促进知识共享、跨界协作和创意变现。创客空间被看作是人们分享知识、协作联系、创造新事物的实验室，也是创客、创意、工具、资本等创新创业要素的联系和组合平台，可以形成一个创客生态圈，使得创新成果产生和实现机会大大提高。

众创空间不是自发产生的，而是国外的"创客空间"在国内本土化后的产物（陈雨行，2017）。"众创空间"出现于国务院办公厅印发的《关于发展众创空间推进大众创新创业的指导意见》中，是科技部在调研北京、深圳等地的创客空间、孵化器基地等创业服务机构的基础上，总结各地为创业者服务的经验之后提炼出来的一个新词，是顺应时代需求，通过市场化机制、专业化服务和资本化途径构建的低成本、便利化、全要素、开放式的新型创业服务平台的统称。其目的是营造良好的创新创业环境，激发全社会的创新创业活力。

第二章
科技孵化器发展现状

一、国外科技孵化器发展现状及特征

美国、德国、日本等发达国家的科技孵化器发展较为成熟，在科技孵化器的定位、功能、运营方式与环境、政策支持、赢利模式等方面各具特色。

1. 美国

（1）系统全面的政策支持

在美国科技孵化器发展初期，政府着眼于解决科技企业创立过程中遇到的实际问题，降低企业组织建立的成本，推动初创企业开展正常运作。随后美国大多数州通过了企业孵化项目的立法，标志着政府的支持由直接资助转向更系统的全面支持，孵化器开始包括创业教育和培训，提供种子资金和启动资金，增加区域技术的供给，扩大新创企业的社会影响等功能。20 世纪 90 年代，美国孵化器进入企业化运作阶段，出现了专门孵化互联网服务企业的创业孵化集团，进一步融合风险投资、多元化控股和孵化器的功能。

（2）类型多样的孵化器

1956 年约瑟夫·曼库索在纽约建立了全球第一家企业孵化器，其经营模式非常类似于孵化抚养小鸡，因此被称为 Incubator，即孵化器。之后美国企业孵化器的发展大致经历了着眼于企业组织的创立、从单个孵化器转向孵化系统、孵化器运作的企业化和专门孵化互联网服务企业的创业孵化集团的出现等四个阶段，涌现出数量众多的各类型孵化器。其中既有政府或非营利组织创办的以扶植创业为目的的非营利型孵化器，也有风险投资家、房地产商和大企业创办的孵化器，还有学术机构创办的孵化器，以及公私合营的孵化器。经过 60 多年发展，从资金到人脉，从投资者到指导者，从合作伙伴到办公场所，孵化时间从几个月到几年不等，孵化器各方面都在不断发展。

在美国，科技孵化器为入驻企业提供多种孵化服务项目，形成多样化的服务模式和盈利模式，并孵化出了一大批成功企业。

（3）特色鲜明的孵化项目

其一，美国退休经理服务团（score）计划是由小型企业管理局（SBA）资助的全国性非营利性组织，成立于1964年，全美共有400余个地方分支机构，1.3万多名成员。这些成员大多是退休的企业家和公司高层主管，也有一些现任的经理和专家，他们来自62个行业，按地区就近开展活动，由SBA提供交通费，以志愿者的方式为小企业免费提供各种管理咨询和技术服务，帮助企业解决在开办和发展过程当中的各种问题。每年约为30万个小企业提供帮助，目前已有450万美国人获得该组织的帮助。

其二，美国新市场风险投资（NMVC）计划于2000年12月出台，主要目的是解决低收入地区小企业融资困难和技术障碍等问题。SBA通过与新市场风险投资公司（NMVCC）以及特别小企业投资公司（SSBIC）之间的"公私合伙"形式，向低收入地区中未从市场化途径获得足够股权融资额的创业者提供风险投资，并提供专业技术指导，从而为当地居民创造更多就业机会、营造更好的福利条件。

其三，美国小企业发展中心计划由全美国50个州及华盛顿特区、波多黎各、维京群岛共建的57个州中心，各地900多个分中心及地区办公室组成覆盖全美的小企业发展中心服务网络。每个中心及办公室设有一名主任及一名或若干名主任助理或副主任，若干名全职人员和兼职人员，以兼职人员为多。这些人员都具有丰富的工作经历，尤其在企业管理、市场分析及会计、贸易、金融、法律等方面具有很强的背景，可为小企业提供全方位的服务。

其四，天使基金500 Startups，由戴夫·麦克卢尔领导，2010年开始向几十家初创企业投资，2011年推出新企业孵化计划。500 Startups会提供给每家初创公司一些种子资金，让它们可以接触到一些专家，以换取这些公司的部分股份。一般来说，这些初创公司将会获得2.5万到10万美元资金，而500 Startups则会获得它们5%的股份。对于参与这个计划的每家初创公司，500 Startups将收取每月1 000美元的费用，用以支付500 Startups为这些公司提供的资源等。比如该计划的职员中有一名设计和用户体验专家，而且参与者也有机会接触到其他方面的专家。

其五，美国高校创业计划竞赛由来已久，它要求参赛者组成优势互补的竞赛小组，提出一项具有市场前景的产品或服务，并围绕这一产品或服务策划一份符合市场规律、可以实际运行的商业计划。发展至今，全美已经有多所高校在举办这种商业计划竞赛，麻省理工学院、斯坦福大学、哈佛大学等著名高校先后创办了自己的商业计划竞赛，其中以麻省理工学院的商业计划竞赛最为成功。据统计，已经有 50 家企业从麻省理工学院五万美金创业计划竞赛中诞生壮大，其中不乏像 Akamai、Firefly、Webline Communications、Direct Hit、Stylus Innovations 等优秀的企业。美国高校的创业计划竞赛活动已经成为知识经济时代美国经济的直接驱动力量之一。

（4）系统成熟的运营模式

其一，运营目标。美国的科技企业孵化器可以分为两类：一类是非营利性孵化器，以促进地区经济发展、提高地区创新能力、增加就业岗位、增加政府税源为目的，这类孵化器占美国全部孵化器数量的绝大部分；另一类是营利性孵化器，该类孵化器则主要是为了实现投资回报而设立，占比相对较小。

其二，服务内容。企业孵化器除了为在孵企业提供灵活的办公用房租赁、通信网络、基本商务、综合商务培训等一般性服务外，还提供以下服务：一是管理团队发展、销售与市场支持、法律和知识产权、投资者 / 战略伙伴渠道、网络活动、管理信息系统等管理咨询服务；二是与高等教育机构联络、技术商品化、调试支持、产品设计支持、新产品评估等技术咨询服务；三是提供种子资金、中间融资或者风险基金等融资服务。

其三，盈利模式。美国企业孵化器获得回报的方式可以分为三种类型：第一种类型是通过收取不动产的租金和提供一些代办企业设立等相关服务收取佣金而获利；第二种类型是拥有进驻企业的股份，然后通过推动该进驻企业实现公开上市或者找到下家卖出该股份而获利；第三种类型则主要以获得投资企业的核心技术为目的，通过贯彻投资方的长远发展战略而最终获利。

其四，孵化器管理。美国的企业孵化器与入驻企业的关系严格遵循市场经济的规范，按照市场原则规范化运作。把企业孵化器作为一个真正的企业来经营，吸引高素质的经营管理队伍来对企业孵化器开展专业的管理和服务，反过来这又保证了美国企业孵化器的成功运作，并通过企业化运作积累必要的经验和资金，进一步提高孵化能力。

2.德国

（1）重视创业孵化

德国联邦教研部通过实施"EXIST"区域创业计划选出 5 个地区：哈根、德累斯顿、耶拿、魏玛、卡尔斯鲁厄和斯图加特，支持这些地区的大学与校外经济界、科学界和政府部门建立合作伙伴关系，推动和支持大学的创业活动，提高创业质量。"EXIST"计划的目标是：改善德国大学和专科大学的创业环境，促进大学自身的改革，在大学内部培养企业文化，使大学更加向社会开放，提高大学创办企业的数量，保证增加新的工作岗位。

1999年6月，德国联邦经济部发布了中小企业创新能力促进计划（PRO INNO）。该计划旨在通过对中小企业科研开发项目的资助，提高企业创新能力，使其产品、技术和服务不断适应经济全球化和迅速变化的市场需要。通过开展研究开发活动或与其他企业及科研机构之间的合作，不断提高企业在国内外的创新能力，扩大其技术经济活动空间。

（2）形成网络化布局

在德国，人们对"科技企业孵化器"的定义是：创业和创业团队的支持系统，为它们提供技能、知识和其他科技资源等，以推动小微科技企业的发展。这些孵化器可以是几栋楼或科学园，也可以是整个地区。一个地区通常有一个或几个比较典型的孵化器，它为当地组织（研究所和产业机构）的衍生企业或者从地区外迁来的企业提供孵化服务，从培训企业创意到提供种子和风险资金。

目前德国是欧洲孵化器最多的国家。继德国历史上第一个创新中心在1983年诞生于柏林之后，目前已有近200个城市建立了类似的中心，形成全国性的网络化布局。随着德国孵化器的繁荣发展，到1988年产生了一个独立于政府的枢纽型组织——德国联邦科技园和孵化器联合会（ADT）。该联合会成员科技园区和孵化器的企业孵化成功率接近90%，孵化成功率高。

（3）发展模式特色鲜明

共同投资模式。德国政策性银行专门成立由政府资助的"技术参与公司"作为国家政策性风险投资公司，与商业性风险投资公司共同投资，创立"共同投资"模式。建立在利益一致性基础上的持股孵化模式，吸引了众多跨国企业投资德国孵化器行业。孵化器为入孵企业提供从培训企业创意到提供种子和风险资金一整套的支持和服务，极大地提高了初创企业的成活率。

海外孵化模式。与东欧等国家合作，开展"海外孵化"是德国的孵化新模式。例如德国电信设立的"hub：raum"孵化器，在波兰等东欧国家发现培养潜力型企业，入孵后提供孵化服务。德国电信会对这些入孵企业投资19万美元的资金，持有其10%左右的股份，以享有优先收购权，从而最终达到为本企业引入外部创新的目的。

3．日本

（1）政府主导孵化器发展

日本孵化器发展相对较早，大部分是由地方政府主导运作。早在1966年，日本的东北产业技术开发协会（财团法人）就具有孵化器的功能。于 1983 年公布的《先进技术工业集聚区开发促进法》，提出把产业、学术（工学院、研究机构）以及技术（电子、机械等尖端技术）集聚在一起，促进高技术的产业化。《民活法》是日本大部分孵化器设立的法令依据，根据《民活法》等法令，日本孵化器协助中小企业利用公共实验室或大学的实验设备，或由这些机构的专家向企业提供技术支持，减少创业期中小企业技术开发风险，降低技术开发成本。

除创业支持措施外，日本相关的孵化政策中，融资政策是极为重要的。根据《中小企业创业事业法》及相关法令，可以提供中小企业债务担保，设备更新的资金融通以及给予补助金、减税等。

（2）注重打造创业生态

20 世纪 60 年代末期到 80 年代末期，日本孵化器发展非常缓慢，数量也比较少。从 90 年代初开始，日本的孵化器迅速增长。发展至今，日本现有孵化器已超过 200 家，其中非营利性孵化器占比近 80%。

在孵化器的建设上，日本注重与大企业、投资机构、高校、科研机构等合作，形成良好的创业生态；对有志于创业的人，从提出创意到形成创业种子、孵化创业种子再到融资、创办企业等全过程，都提供指导、咨询和促进的全方位服务；帮助创业者或创业企业对接投资机构，使投资机构参与创业项目完善、创业企业创办的过程。因此，日本的孵化器进驻条件不太重视有关企业计划的适当性或是市场可行性、经营者的经营方针等项目的审查。入驻企业以研发型企业为多，而且大部分是创业期的企业。这些企业中约 49% 是将总公司设于孵化器内，51% 是设研发部门。入驻年限一般为 5 年，也有一些为 3 年，并且没有设立企业毕业的标准。

（3）行政主导的运营模式

由于日本孵化器大都设立在政府所提供的土地上，由地方政府免费提供者为多，由县市政府主导建立的孵化器也占相当大的比例。因此，孵化器的运营受地方政府影响很大。

从管理体制上看，由于日本孵化器以地方政府出资协同设立者为多，因此孵化器大都由政府人员负责行政工作，也有部分是由民间企业人士兼职，设置专职管理人员的比例不到二成。这与美国的孵化器管理体制不同，美国一般都有专职管理人员来负责孵化器的营运等。

技术研发方面，不同于美国在大学内设置企业孵化器，直接将研究成果实用化或是商品化，日本科研成果的产业化大都由大企业来做，很少普及到中小企业，也很少在大学内将研究成果商品化。

二、国内科技孵化器发展现状及模式

近年来，我国科技孵化器发展在全社会形成高度的共识，进入迅速发展阶段，已成为国家科技发展战略的重要组成部分。创新创业孵化体系基本健全，规模不断扩大，能力显著增强，成效突出，为转变经济发展方式、优化经济结构做出了积极贡献。2014 年至今，是我国科技企业孵化器的迅猛发展阶段，创业孵化成为科技服务业中的亮点，不断完善的创业孵化生态体系为我国创新型经济发展提供了强大助力。

1. 科技孵化器发展现状

2016 年以来，随着《中国制造 2025》《"十三五"国家科技创新专项规划》《关于推动创新创业高质量发展打造"双创"升级版的意见》等重磅政策的出台，我国科技孵化器产业高速发展，水平不断提升，孵化器模式更为成熟，上下游产业协同更为显著。孵化器的平台服务模式也由以金融服务、技术创新为主向产业协同、产业基金、风险投资、产学研一体化等多个方面发展，行业进入新的发展阶段。

（1）孵化器数量

我国孵化器发展起步于 20 世纪 80 年代，据不完全统计，2017 年我国科技孵化器数量达到了 4063 家，同比增长 24.82%；2018 年上升至 4849 家，增长 19.35%；2019 年全国创业孵化载体 13206 家，其中孵化器 5206 家，众创空间 8000 家（表 2-1）。

1999～2019 年中国科技企业孵化器数量统计及预测　　表 2-1

年份	数量（家）	同比增长
1999	110	——
2000	164	49.09%
2001	324	97.56%
2002	378	16.67%
2003	431	14.02%
2004	464	7.66%
2005	534	15.09%
2006	548	2.62%
2007	614	12.04%
2008	670	9.12%
2009	772	15.22%
2010	896	16.06%

续表

年份	数量（家）	同比增长
2011	1000	11.61%
2012	1239	23.90%
2013	1468	18.48%
2014	1755	19.55%
2015	2530	44.16%
2016	3255	28.66%
2017	4063	24.82%
2018	4849	19.35%
2019	5206	7.36%

资料来源：依据公开资料整理

（2）孵化场地面积

据不完全统计，2017 年我国科技孵化器场地面积达到了 11967.4 万 m^2，同比增长 11.50%；2018 年上升至 13192.9 万 m^2，增长 10.24%；2019 年预计增速约为 11.59%，上升至 14722.4 万 m^2（表 2-2）。

1999 ~ 2019 年中国科技企业孵化器场地面积统计及预测　　　　表 2-2

年份	数量（万 m^2）	同比增长
1999	189	——
2000	340	79.89%
2001	635	86.76%
2002	633	−0.31%
2003	1359	114.69%
2004	1515	11.48%
2005	1970	30.03%
2006	2008	1.93%
2007	2270	13.05%
2008	2313	1.89%
2009	2901	25.42%
2010	2935	1.17%
2011	3400	15.84%
2012	4300	26.47%
2013	5379	25.09%
2014	7950	47.80%
2015	8680	9.18%
2016	10732.8	23.65%
2017	11967.4	11.50%
2018	13192.9	10.24%
2019	14722.4	11.59%

资料来源：依据公开资料整理

（3）在孵企业数量

据不完全统计，2017 年我国科技孵化器在孵企业数量达到了 177542 家，同比增长 33.20%；2018 年上升至 206024 家，增长 16.04%；2019 年预计增速约为 12.02%，数量上升至 230784 家（表 2-3）。

年份	数量（家）	同比增长
1999	5293	——
2000	8653	63.48%
2001	14270	64.91%
2002	20993	47.11%
2003	27285	29.97%
2004	33213	21.73%
2005	39491	18.90%
2006	41434	4.92%
2007	44750	8.00%
2008	44346	−0.90%
2009	50511	13.90%
2010	56382	11.62%
2011	60936	8.08%
2012	70217	15.23%
2013	77677	10.62%
2014	78965	1.66%
2015	102170	29.39%
2016	133286	30.46%
2017	177542	33.20%
2018	206024	16.04%
2019	230784	12.02%

1999 ~ 2019 年中国科技企业在孵企业数量统计及预测　　　表 2-3

资料来源：依据公开资料整理

（4）毕业企业数量

据不完全统计，2017 年我国科技孵化器累计毕业企业数量达到了 110701 家，同比增长 23.42%；2018 年上升至 139396 家，增长 25.92%；2019 年预计增速约为 20.62%，数量上升至 168144 家（表 2-4）。

1999 ～ 2019 年中国科技企业孵化毕业企业数量统计及预测　　表 2-4

年份	数量（家）	同比增长
1999	1934	——
2000	2790	44.26%
2001	4281	53.44%
2002	6207	44.99%
2003	8981	44.69%
2004	11718	30.48%
2005	15815	34.96%
2006	19896	25.80%
2007	23394	17.58%
2008	31764	35.78%
2009	32301	1.69%
2010	36485	12.95%
2011	39562	8.43%
2012	45160	14.15%
2013	52146	15.47%
2014	61944	18.79%
2015	74853	20.84%
2016	89694	19.83%
2017	110701	23.42%
2018	139396	25.92%
2019	168144	20.62%

资料来源：科技部、智研咨询整理

（5）在孵企业人员

　　据不完全统计，2017 年我国科技孵化器在孵企业人员达到了 259.6 万人，同比增长 22.40%；2018 年上升至 290.2 万人，增长 11.79%；2019 年预计增速约为 11.23%，数量上升至 322.8 万人（表 2-5）。

1999 ～ 2019 年中国科技企业在孵企业人数统计及预测　　表 2-5

年份	人数（万人）	同比增长
1999	9.2	——
2000	14.4	56.52%
2001	28.4	97.22%
2002	36.3	27.82%
2003	48.3	33.06%
2004	55.2	14.29%
2005	71.7	29.89%
2006	79.3	10.60%
2007	93.3	17.65%
2008	92.8	−0.54%
2009	101.2	9.05%
2010	117.8	16.40%

年份	人数（万人）	同比增长
2011	125.6	6.62%
2012	143.7	14.41%
2013	158.3	10.16%
2014	141.7	−10.49%
2015	166.2	17.29%
2016	212.1	27.62%
2017	259.6	22.40%
2018	290.2	11.79%
2019	322.8	11.23%

资料来源：科技部、智研咨询整理

2．科技孵化器主要发展模式

（1）北京发展模式

北京科技孵化器发展模式以清华创业园及中关村科技园区孵化器发展模式为典型代表。

其一，清华创业园孵化器发展模式。1999 年，清华创业园在清华科技园内开园，在近二十年的发展过程中，清华创业园逐步开创出一套"孵化器＋风险投资"的科技创新创业服务体系；在为园区企业提供最基本商务服务的基础上，清华创业园还以企业需求为出发点，逐步推出各种专业的增值服务；还适当向园区内的企业投入资金，只是将投资对象企业限定在种子期、初创期和成长期。

清华创业园依托清华科技园既有资源，为园区内企业发展提供了 5 个关键性要素：

一是空间要素。以清华科技园为基础，在为企业提供办公、会议、餐饮、酒店、购物休闲等设备设施之外，还为企业提供大量的共享与交流空间。二是企业要素。清华创业园将世界 500 强企业的研发机构、海外上市的国内企业、创新创业企业三类企业引入园区。研发机构技术的引导性，上市企业先进的发展理念和管理方式，对创新创业企业的发展具有示范、引导和借鉴作用。 三是人才要素。高素质的人才是创新创业的关键之所在，这也是企业的创新之源。清华大学与清华创业园仅一墙之隔，其丰富的人才资源，可以满足园区内创新创业企业对高素质人才的迫切需求。四是技术要素。清华大学承担了大量国家层面的研发任务，其优秀科技成果的转化，带来的是技术专家以及核心技术的聚集，为清华创业园内企业的科技创新起到了重要的支撑作用。五是资金要素。通过与清华科技园联合成立风险投资基金、引入优秀的投资机构、延伸政府服务平台、与银行等金融机构合作等方式为园区内企业提供资本服务，为园区内的企业打造良好的金融环境。

在创业投资服务的多年实践中，清华创业园充分利用其在技术和资源上的独特优势，严格筛选投资项目和企业，并专注于高科技领域早期和成长期企业的投资，成功探索出一条具有鲜明特色的"孵化器 + 风险投资"的孵育模式：一是吸引外部各种金融机构对创业企业进行融资。吸引国内外银行为企业贷款融资提供便利服务，吸引专注某个行业或者产业投资的基金机构，吸引专注于早期和成长期企业的专业风险投资机构，吸引投资银行、私募基金等大型投资机构。二是始终专注于清华创业园科技型中小企业的创投业务。清华创业园依托清华科技园的优势，整合内外部金融资源，采取孵化期、成长期和成熟期相结合的投资策略，积极开展园区自身的创业投资业务。

其二，中关村科技园区丰台园区孵化器发展模式。中关村丰台园，是中关村科技园最早的"一区三园"之一。中关村科技园区丰台园是典型的科创产业园区孵化器，中关村科技园区丰台园科技创业服务中心为丰台科技园的中小型科技企业提供孵化服务，加速其成长，促进科技成果转化。

中关村科技园区丰台园区孵化器业务领域　　　　　　　　　　　　　　　　表 2-6

业务领域		业务介绍
基础平台	创业培训	为企业搭建面对面学习借鉴、交流共鸣的信息和互动平台，推出丰富多样的培训活动，邀请企业家、政府官员、金融机构、业界人士同企业分享创业心得、政策趋势、实务操作经验等
	实验室共享	与大学、科研院所、孵化器分中心、在孵企业合作共建共享实验室，形成多层次、多元化合作的实验室共享体系。降低企业研发成本，缓解初创时期资金有限、实验条件不足的困难，同时也让高校及企业的实验资源得到充分利用
	中介服务	整合社会优质中介资源，健全中介服务体系，引进工商注册代理、知识产权代理、会计师事务所、律师事务所、投资咨询公司、资产评估公司、产权交易经纪公司、质量体系认证机构等中介服务机构，为企业提供包括知识产权、会计审计、法律咨询、质量认证、信用评级在内的各项服务
	投融资服务	整合银行、担保、券商、风险投资等专业机构的优质资源，与金融机构合作，为园内中小企业搭建金融服务平台，为企业在融资方面寻找突破口，缓解中小微企业融资难问题
	信息网络服务	提供更便捷、更高效的信息服务
创新模式	分级分类及巡诊式走访	将企业进行分级分类，定期对重点企业巡诊走访，及时了解企业基本情况、知识产权、获奖、融资、需求等信息，提供有针对性的专业化服务
	行业研讨交流	组织企业参加行业间研讨会和产业发展论坛，促进高新技术企业间和行业间交流，畅通沟通渠道
优势资源	技术合同认定登记	积极把握现代交通建设、城市建设、节能环保建设及电子与信息类技术交易比较活跃的契机，充分调动丰台科技园现有的轨道交通联盟等资源，以重点企业、重点项目、重大合同为抓手，为企业提供技术合同认定登记服务
	博士后（青年英才）工作	开展博士后科研工作站、北京市博士后（青年英才）创新实践基地工作，建立丰台科技园高等学校、科研院所和企业协同创新的长效机制，提升科技创新型企业自主创新能力，培养博士后队伍
	知识产权保护	专项服务：与北京市知识产权局、中关村知识产权促进局合作，开展知识产权托管、专利数据分析、专业培训、专利审查资源对接、知识产权帮扶、知识产权融资、专利保险支持等服务 深度服务：依托中关村知识产权服务业联盟的专业优势，对重点企业开展知识产权战略规划、挖掘、分析、预警等服务

资料来源：依据公开资料整理

科技创业服务中心坚持内涵式发展战略和高端品牌建设，在提供优质完善的创业服务方面起到了良好的示范作用。30 万 m² 园区组成的投资主体多元化、合作形式多样化、管理服务专业化的丰台园孵化器网络，形成了以信息技术、生物医药、节能环保、新材料为主导的新兴产业集群。自 2001 年起，每年举办的"科技型中小企业技术创新国际研讨班"，以国际培训促进项目合作，成为中关村国际交流的品牌项目。

（2）深圳发展模式

1985 年 7 月，中国科学院与深圳市政府在特区兴办了中国第一个高新区——深圳科技工业园。当时的科技园具有一定的企业孵化功能，具有孵化器的雏形，但还不是真正的孵化器。随着改革开放的深化，深圳经济开始起步，20 世纪 90 年代末期，一批不同所有制主体投资参与、运行机制各异的企业孵化器随之产生，如清华大学深圳研究院、罗湖区高技术创业服务中心、南山区科技创业服务中心等 20 多家企业孵化器有如雨后春笋般快速成长。这些孵化器为贯彻落实深圳市委、市政府"科技立市"政策发挥了巨大的作用。

如今，深圳孵化器建设已初具规模，形成了"创业苗圃—孵化器—加速器—专业园"全过程、全要素的孵化培育体系，呈现综合化、专业化、企业化、市场化、虚拟化、网络化、国际化等特点。在深圳孵化器发展中，最引人注目的发展态势是一批专业孵化器的出现。

专业孵化器已经成为深圳孵化器发展中的"新增长点"。深圳的专业孵化器集中在电子技术、软件、通信、集成电路、生物医药、创意等领域，较多涉足深圳市重点发展的高科技产业、战略性新兴产业以及优势产业。专业孵化器基本瞄准一个重点产业，与产业的互动性非常明显。国家 IC 设计深圳产业化基地、深圳高新区生物工程孵化基地、深圳软件园、深圳 IT 数码港、北科创业、深圳软件创业中心、深圳威圣生物技术创业中心、深圳信息技术创业中心、深圳国际软件出口基地、深圳软件研发基地、南山软件园、深圳高新区生物孵化器等专业企业孵化器已经对深圳经济结构调整、产业转型升级产生了极为显著的影响。

（3）上海发展模式

创新是上海科技孵化的"名片"。在科技孵化不长的历史进程中，上海科技孵化走在科技创业的前沿。上海的孵化体系从点到面，从单个孵化器扩散到遍布全市各个区的近两百家科技创业服务站，形成了根基稳固的创新创业体系。

一方面，上海建立起了由创业导师、创业辅导员和企业联络员组成的"三位一体"的创业辅导模式，已形成以创业导师为核心、创业辅导员为辅助、企业联络员为桥梁的富有特色的孵化服务体系。其中，以上海杨浦科技创业中心有限公司为典型代表，作为全国孵化器联盟加速器建设牵头单位、上海市两家科技企业加速器试点单位之一，形成了"创业苗圃 + 孵化器 + 加速器"的创新服务体系，可为企业提供一站式的孵化服务。

另一方面，立足于上海和华东地区的特色产业链及其创新资源优势，以上海六大创新集聚区（张江、紫竹、杨浦、漕河泾、嘉定、临港）为主要范围，汇聚一批具有产业集聚特色以及国际化服务能力的孵化器和专业化服务机构，合作共建国际创新创业项目转移转化及落地对接的全要素服务体系。针对国外项目方基本需求，打造一站式服务产品；针对上海市国际企业孵化器现状，构建协同服务工作体系。

此外，上海孵化模式在引进来的同时，也在加快走出去。太库在全球范围内拥有创新合作伙伴 225 个，与全球 50 多所知名科研院校建立合作关系，也获得了 150 多个投资机构的大力支持。瀚海智业投资管理集团、上海杨浦创业中心、天府新谷联手在美国波士顿设立中美企业创新中心。国家自主创新示范区、国家自由贸易区、全面创新改革试验区"三区联动"的张江高科技园区成立了上海自贸试验区海外人才离岸创新创业基地。

（4）武汉发展模式

武汉科技孵化器发展模式以东湖新技术创业中心发展模式为典型代表。作为中国第一家高新技术创业服务中心，武汉东湖新技术创业中心是国内第一家由事业单位改制为公司化运作的企业孵化器，专注于科技型中小企业服务市场，为中小企业提供管理咨询、投融资策划、网络、培训、物业、餐饮、通信等各类服务。

一方面，建设产权式孵化器，这是一种以营利为目的的房产开发与公益性质的企业孵化相结合的全新孵化模式。全国首创"产权式"孵化器商业模式，成功建设了"武汉光谷创业街"。创业街由东湖新技术创业中心开发管理、投资人所有、孵化企业使用，其成功运作将让区域经济大大受益。产权化使孵化器获得了最大限度的自主发挥空间，对在孵企业提供的资金服务规模和质量都有了较大提升，并积极与创投机构对接，共同助推企业的成长。

另一方面，东湖的"产权化 + 网络联盟"孵化模式，是武汉具有代表性的孵化模式。产权化使孵化器得到空间，地产开发获得的收益与社会资本结合，作为孵化资金投入。同时，该模式以东湖国家示范区为核心，通过构建华东、华北、华中、华南、西南市场接入服务中心，建立孵化网络，共享资源平台，实行联盟孵化，突破了创业孵化在地域空间上的限制。

当前，"产权式"孵化器已成为广大中小企业成长的绝佳平台。湖北省实施了创业导师计划，并推出"科技型中小企业成长路线图"计划，东湖高新区建立起重点培育企业保荐制度，挑选了一批在孵企业纳入重点培育企业行列，由创业导师、孵化器共同从企业规划设计、政策辅导、项目牵引、专家帮扶、投资跟进、平台支撑六方面对在孵企业予以培育，引领其成长。

三、国内外孵化器发展特征比较

1.投资模式与管理

通过比较国内外科技孵化器的运作模式可以发现，无论是在科技孵化器事业发展较好的美国、德国等，还是在我国，政府都对孵化器事业的发展给予了大力支持，只是具体发展中所起的作用不尽相同。美国企业孵化器在发展中得到了政府的大力支持，但政府并不干预企业孵化器在经营管理方面的自主权，不参与企业孵化器的运营，而是给予企业孵化器各种支持，如直接资助和补贴、政策支持、地方立法、信息和网络支持等。孵化器的发展固然与政府的政策扶持分不开，但孵化器在管理上实行的是独立企业化运作模式。而我国的孵化器还主要以政府投资为主，实行事业化管理。一些科技创业中心和大学科技园的管理者还主要是政府或大学派任，只是一些基层员工面向社会聘任，岗位聘任、业绩考核、薪金发放等运营模式都具有事业单位性质。

2.服务内容

在国内外科技企业孵化器的服务体系方面，我国科技企业孵化器的服务内容和美国等相比差距较大。在美国，企业孵化器除了提供必需的硬件服务以外，在一些支持在孵企业成功孵化的"软服务"上有着独特的作用。企业孵化器不仅在管理方面提供咨询服务，在战略、金融、市场等方面也提供支持。我国的孵化器在服务内容上，整体还处于较低的水平。一些科技孵化器主要以提供物理空间和打字、复印、电话、宽带等物业服务为主，在涉及企业高端需求的创业辅导、营销策划、技术转移、产品测试、金融支持等方面还存在着巨大差距和不足。

3．盈利模式

在国内外科技企业孵化器的盈利模式方面，我国科技企业孵化器的盈利模式和美国、德国等相比差距较大。美、英等国孵化器更注重科技创业文化以及高技术投资回报，倾向于以获取在孵企业股份或抛售在孵企业股票收获溢价作为主要的盈利方式，并形成持续自主经营能力，通过技术积累与项目展示收获口碑。主要收入既包括提供孵化场地、物业、咨询等低端服务收入，也包括股权转让等高端服务。而我国的科技孵化器收入来源主要为空间租赁、申请政府补贴、获得税收分成、组织各类培训等，房租和物业服务收入还占有较大的比重。孵化器作为中介机构和天使投资、创投基金以及其他金融机构的联系还比较有限，孵化器自身也很少直接参与孵化企业的投资与运作，股权转让收入占比较小。

第三章

科技孵化器未来发展趋势

一、世界科技产业发展趋势

1.基础科学实现群体性发展突破并呈现交叉态势

一方面，物质科学不断向宏观、微观和极端条件拓展，进一步扩展人类对宇宙本质的认识。量子科学从观测与解释走向操纵与调控的新时代，不断提升人类对量子世界的认识。另一方面，生命科学走向精确化、可再造和可调控，不断提升人类对生命起源、进化和生命本质的认识。生命科学、信息科学、脑科学交叉融合，不断产生新的学科生长点。

2.新兴科技领域发展迅速并相互融合

产业交叉的结果使得产业科技革命表现为群体突破的态势，新的技术群和新的产业群蓬勃发展，信息技术、现代生物技术和生命科学、纳米科技、航空航天科技、环保科技等正在孕育一系列重大突破。许多高新技术产业群迅速崛起壮大，成为经济发展的主要推动力。在此过程中，科技创新、转化和技术更新速度不断加快，原始性创新的地位日益突出。当前科学与技术的界限日益模糊，技术和产品更新换代速度不断加快，经济竞争已前移到原始性创新阶段，而原始性创新能力已经成为国家间科技竞争成败的分水岭。

3.生命科学取得重大突破

一方面，合成生物技术通过搭建新的 DNA 来实现无中生有，创造出新的生物。基因改造农作物正是此项科技的成果。在未来的 30 年里，合成生物科技将制造出可以探测到的毒素，从工业废料中提取生物柴油，以及通过共栖来给人类寄主提供药物。与此同时，合成生物也会带来生物武器和难以控制的入侵物种等巨大的危险。

另一方面，人口健康技术的突破将改变医学。通过基因组学，我们将会得到真正的私人药物。在未来，癌症、心肺疾病、阿尔茨海默病，以及其他目前看似无救的疾病将会由针对患者个人基因的药物来治疗。人类将可以通过DNA培养出移植所需的器官，从而杜绝等待配型、排斥反应等很可能致命的情况。生物假肢将会被直接连接到神经系统上，从而提供与真实触感极其相似的感官。科学家们将找到衰老的原因，从而延长人类的寿命，涌现出一大群非常健康并有活力的"老人"。

4．信息技术迭代升级推动全球各领域创新

其一，物联网方面。到2045年，相关机构预测将会有超过1000亿台设备连接在互联网上。这些设备包括了移动设备、可穿戴设备、家用电器、医疗设备、工业探测器、监控摄像头、汽车以及服装等。它们所创造并分享的数据将会给我们的工作和生活带来一场新的信息革命。人们将可以利用来自物联网的信息加深对世界以及自己生活的了解，并且做出更加合适的决定。

其二，机器人与自动化系统方面。到2045年自动驾驶汽车会使交通更加安全与高效，或许还会给共享经济带来新的动力。机器人则会负责日常生活中大量的任务，如收获农作物、维护公共设施等。人工智能软件则会被使用到商业上，商业服务自动化，以及替代诸如客服、教师等。

其三，智能手机与云端计算方面。智能手机与云端计算正在改变人类与数据相处的方式。随着手机的威力越来越大，功能也越来越全面，移动网络的铺展也将加速。在2030年，全球75%的人口将会拥有移动网络连接，60%的人口将会拥有高速有线网络连接。

5．智能制造资源整合趋势明显

智能制造在全球范围内快速发展，已成为制造业重要发展趋势，对产业发展和分工格局带来深刻影响，推动形成新的生产方式、产业形态、商业模式。发达国家实施"再工业化"战略，培育制造业未来竞争优势。

一方面，互联网与制造业的融合发展及资源整合是制造业信息化的主要方向之一。互联网正向制造业的研发设计、生产、供应链、销售、服务等环节渗透，重塑产业组织与制造模式，重构企业与用户关系。另一方面，智能制造将为设备和软件行业带来机会，机器人、传感器、工业软件、3D打印等都蕴含百亿元甚至千亿元的市场。由于拥有巨大的市场规模、较高的开放程度以及增长潜力，中国市场无疑将是跨国智能制造企业展开竞争的主要战场。

二、我国科创产业园发展趋势

科创产业园区的范围较广，我国涉及科技创新的园区较多。为获得较为权威的统计数据，以国家高新区作为科创产业园区的主要代表，以国家高新区的发展动态阐述科创园区发展动态。

当前，我国国家高新区总数达到 169 个，集聚了近 2 万家科技创新类载体，以及全国一半的孵化器、众创空间，包括产业园区和科技产业生态社区等形态。基于地域主要分为三类，一是北京、上海、广州等中心城市设立的高科技园区，包括中关村、张江高新区等；二是经济发达地区的省会中心城市、沿海开放城市等由于城市创新发展、产业转型升级而设立的高新区，包括厦门、宁波等地；三是老工业基地寻求经济突破而设立的高新区，包括大庆、襄阳等地。

1. 集聚科教智力资源，强化科技成果转化

以北京中关村、武汉东湖等国家高新园为代表，主要依托本地高校、科研院所等科技资源，通过科技成果转化衍生出一批高新技术领域的创新型中小企业，在高新技术产业发展和体制机制创新方面积累了成功经验并为国内其他高新区做出了示范。如中关村示范区共有以清华、北大为代表的高校 41 所，以中国科学院、中国工程院所属院所为代表的国家（市）科研院所 200 多所。丰富的科教智力资源一方面为园区提供了大量高层次人才，一方面通过大院大所的科技成果转化衍生出一批创业企业。由此，园区辐射能力、创新示范效应、科技创新地位逐渐彰显。

2. 承接国内外产业转移，加速产业集群发展

以上海张江高新区等国家高新园为代表，紧抓全球产业转移以及服务资源转移的机遇，依托本地坚实的经济基础和广阔的发展腹地为入园企业提供优惠政策，吸引高新技术企业特别是著名跨国公司入驻，并营造良好的创新创业环境鼓励园区创业，以跨国公司和本地创业企业促进产业集群式发展。如张江高新区积极承接 21 世纪集成电路、生物医药、软件等产业全球性转移，引进一批来自欧美地区的跨国公司，通过大企业集团的辐射带动力引领园区发展。园区借助跨国大公司链接全球人才、资本、技术等高端资源，融入全球创新链条，向国际化、全球化发展。

以苏州、无锡等国家高新区为代表，抓住全球制造业转移的机遇，尤其是主动承接日、韩以及中国台港等地区制造业产业转移，以土地、税收等优

惠政策和劳动力、区位交通等优势吸引国际大型制造企业建设生产基地，同时引导本地充裕的民间资本投向为大型制造企业配套的民营企业，以粗放式增长实现园区崛起。如苏州高新区践行以外向型经济为特征的苏南模式，吸引了华硕科技等一批台资、日资制造类企业迅速实现经济规模扩张。随着创新全球化的深入，园区逐渐从制造向研发、设计等产业链前端转移，通过引进大院大所强化科技成果转化，鼓励创业孵化，逐渐从传统经济向知识经济、新经济模式转变。

3.营造创业文化氛围，构建企业创新生态

以深圳高新区等国家高新园为代表，通过营造产业生态、人文生态、环境生态"三态合一"的综合环境，倡导"敢于冒险、勇于创新、宽容失败、追求成功、开放包容、崇尚竞争、富有激情、力戒浮躁"的创新文化，吸引并支持科技人员、外来移民创办科技领先型企业，培育一批以科技人员、外来移民为创业主体、拥有技术领先优势的中小型创业企业。企业以技术领先优势逐渐成为全国乃至全球领先型科技企业，带动园区高科技产业发展。

4.招商引资和自主创新双轮驱动，培育内生发展动力

以中西部省会中心城市、二三线城市等国家高新园为代表。这些地区经济较为落后，开放意识不强，资源吸附力较弱，主要承接国内沿海地区制造业转移以及部分国际产业转移，通过招商引资、退城进园等方式集聚一批以传统制造业为主的项目。园区涉及产业领域较为综合，项目科技含量偏低，企业类型主要以国有企业、中小型制造类民营企业为主。园区创新资源缺乏、科技创业型企业较少。因过于依赖招商引资对产业的支撑，本地自主创新能力较弱，部分园区正逐渐转向招商引资和自主创新双轮驱动，注重通过科教资源提升产业层级，培养内生发展动力，逐步打造创业企业的摇篮、高新技术产业集聚区。

三、科创产业园区中孵化器的发展趋势

伴随科创产业园的发展，其中孵化器的功能、服务、运营方式等也将发生一系列转变，比如形式多样化、功能专业化、投资主体多元化、组织模式网络化、品牌化、国际化等。纵观几十年的发展实践，科创产业园中孵化器呈现出以下一些特征和趋势：

1．企业化

美国科技孵化器在成立和运作过程中尽管得到了政府的大力支持，但仍是公司型的，按照企业化的要求运作。深圳在科技孵化器发展初期，主要通过政府主导的科技创业中心（事业单位）、国有企业实施，起到示范和引领的作用，目前，民营企业已经成为孵化器的建设运营管理主体。

2．专业化

专业化意味着服务的优质化，而优质化服务是孵化器健康、持续发展的重要保证。世界各国都把服务能力建设作为孵化器发展的主要方向，包括注重提升孵化器管理水平，注重延伸创业服务，注重融合创业投资，注重采用顾问制。美国小企业管理局统计数据表明，通过专业化孵化，在孵企业比一般新企业 4 年成活率提高 30 个百分点。在国内，近几年专业性孵化器也得到了较快发展，北京市科委认定的 39 家孵化器中有 24 家是专业性孵化器。同时，综合性孵化器向专业性孵化器发展的趋势加快。

3．产业化

产业化是各国孵化器发展追求的根本目标。一方面，当前世界上孵化器发展最为发达的国家，政府基本上不直接参与孵化器的运营。从管理体制、运作模式、法制环境建设、延伸服务、与风险投资结合、投资主体等多个方面的变化来看，本质上已把孵化器作为以产出各种概念的新企业和企业家为目标，以咨询和中介为主要手段的服务产业。

另一方面，孵化器为创业者服务，但并非就意味着它是公益性质的。即便是公益型的孵化器，也需要自身的赢利模式。孵化器服务创业者，也促进了双创，培育了新产业，未来以政府发起的公益型孵化器与创投公司发起的营利型孵化器将会并行，且后者占比逐渐增加，社会影响也将更大。

4．国际化

随着经济全球化，孵化器的服务对象不断扩大，从促进本国科技成果转化扩大到引进外国先进技术、吸引外国科技型中小企业到本国发展，甚至单纯面向外国创业者的国际企业孵化器也应运而生。近年来，国内孵化器积极对接国际资源和市场，参与构建全球创新链，形成国内外互动孵化新格局。目前已在全球 20 多个国家和地区开办了 120 多家离岸孵化基地，与国外创新创业机构联合开展研发、跨国技术转移、跨国天使投资、跨境孵化加速等合作。国外孵化机构在国内开展业务更加踊跃，带来孵化发展新理念、新模式，促进国际技术、人才、创业投资等要素的引进、交流和转化，也极大地提高了我国孵化器的国际影响力。

5. 小而精

小批量、高强度集中孵化，是美国一些著名孵化器都在实行的孵化制度。现在北京的创新工厂也在效仿这种行为，不仅提供集约化、高增值服务，还提供直接投资。孵化对象从小众转向大众且细分出若干市场，从以孵化器为中心转为以入孵企业的需求为中心。以北京中关村为例，一些小而精的创新性孵化器诞生，它们能够创新资源，采取创业者物理集聚模式。对于那些耗资数亿，动辄几万平方米的大型孵化器来说，小而精的孵化器的出现无疑为创业企业提供了更多选择的可能。

6. 行业整合

由于创新创业活动变得多元化、全球化，仅凭孵化器往往难以得到成功，行业与产品链条之间的协调更加重要。近年来一些地方政府支持建立了一批产业技术研究院，其核心任务是开展共性技术研发、推动科技成果产业化，为地方产业技术进步和战略性新兴产业发展提供科技支撑。创立了中国企业孵化器协会，旨在整合全球范围内的产业链、创新链，集合孵化器和创业孵化等要素，对企业孵化的需求作出及时的回应，在产业内外交流、合作、资源共享等方面发挥桥梁纽带作用。

第四章

孵化器在科创产业园中的角色定位分析

在科技兴国、创新引领发展的新时期，科创产业园中孵化器对于产业转型升级、新兴经济培育发展、产业集群辐射、区域创新生态网络形成等方面聚集、引领作用明显。与此同时，从国家、各级政府、科创企业、投资主体等各方对于孵化器的价值需求出发，思考新时期孵化器在科创产业园区中的全新定位。

一、不同主体对于科创产业园孵化器的价值需求

随着我国劳动力成本和资源耗费的增加，传统行业增长动力与盈利能力开始下降，宏观经济整体面临下行风险，由科技创新推动的产业升级将成为未来促进中国经济发展的重要力量。与此同时，随着互联网经济中科技与经济的紧密结合，市场经济与科技创新的矛盾日益复杂化，这导致创新企业、政府、投资者、中介机构、高校科研机构等各主体不得不通过合作、共享、集聚寻求更强大的创新能力。

当前，科创产业园区孵化器作为科创企业和国际创新的核心承载者，主导产业集聚与激发科技创新，对培育区域内创新企业、强化科技人才队伍建设、优化营商环境、带动当地税收增长等方面起着重要的支撑作用。科创产业园区孵化器与政府、高等院校、科研机构、大企业以及其他合作方的纽带需进一步研究。孵化器在发展路径选择上，将向产业生态、资本合作、平台对接以及政府服务等细分方向延伸，不断发掘企业成长过程中产生的新需求，为不同主体提供差异化的服务价值。

1. 营造具有开放、共享、集聚特征的复合空间

实地调研发现，科创产业园区孵化器空间趋向更加开放、多元和包容，呈现市场化、便利化、网络化、低成本、开放式、共享式等诸多特点。这种

开放性、集聚性的实体空间不但能够为各种类型的初创企业提供孵化成长的空间场所，还开放性地面向更广大的潜在创新创业人群，具备明显的共享性。此外，由于创新主体和外部环境每天都有大量联系和交流的空间需求，这意味着科创产业园区孵化器空间平台需要提供多样功能与空间才能确保创新生态系统内部各资源要素和外部环境进行合理平稳流动；这种内外联系的系统化、开放化和动态变化的空间诉求，需要孵化区提供一种功能多样混合、空间复合开放的服务支撑体系。面向未来发展趋势，科创产业园区孵化器应该提供更多的非正式社会关系网络联系，以起到搭建空间平台、对接创新资源、提供信息交流等相关资源服务非线性联结创新主体的作用（表4-1）。

正式网络联系和非正式网络联系 表4-1

内涵	正式网络联系	非正式网络联系
网络基础	正式的契约方式	情感联系、咨询联系、交流联系与合作联系等非契约性联系
资源交易	获取资源的渠道方式稳定，但是交易成本高且过程繁琐	获取资源的渠道方式不稳定，交易成本低，交易灵活
创新风险	需要支付一定的履约成本	需要支付一定的信任成本
创新效果	缩短创新过程中争议、降低创新风险与成本	减少交易成本和契约成本，灵活多变的交易方式，能够形成系统网络的稳定性和持久性，而且能够消融创新网络边界，促进创新交流交易的扩散
成功因素	交易参与双方的功能利益同向复合；资源互补；契约保证	共同的价值和情感取向；双方的信任契约；共享开放的文化理念；交流与联系的日常性
空间支撑	一般有正式合法的独立空间，形成创业产业集群区域	无独立的空间诉求、布局灵活自由，空间混搭，共享与开放；形成创新空间生态系统

资料来源：参考徐礼佳（2018）提出的众创空间生态系统中创新主体网络交流的正式和非正式联系特点总结相关观点

结合以上分析，科创产业园区孵化器为创新主体提供交流与协作的复合功能空间，除了办公、会议、交流、休闲空间之外，还需要提供更多的功能空间，主要目标在于增加人群在功能空间中的相遇次数和增大创新主体交流的机会。思维的碰撞和知识的互补分享有效促进了创新思维的迸发，人群互动的次数和机会对于提升整体创新氛围有着极其重要的作用。由此，复合多元的功能业态能够促进创新主体人群的各种正式和非正式交流，有效获取当前最新资讯和知识。

图4-1 开放、共享、集聚的复合空间功能业态

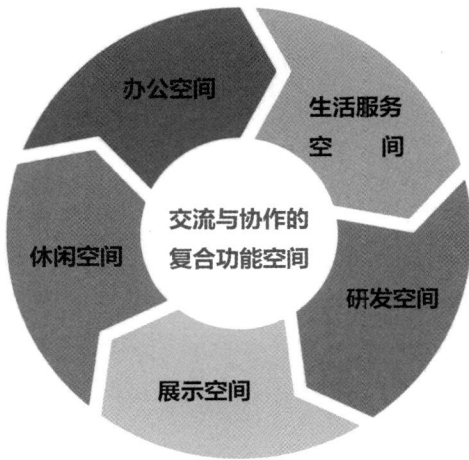

2．重视提供多样化、个性化、定制化的增值服务

从孵化器的发展历程看，2010年以后，随着新一代创业者需求的提升以及孵化器行业自身发展的要求，特别是民营的市场化创业孵化机构的兴起，越来越多的孵化器开始重视对企业的增值服务。咨询、培训、融资服务开始增加，股权投资业务也成为许多孵化器的标配。在2014年国内开启"双创"时代之后，众创空间热潮到来，轻载体、重服务成为新的时尚。科创产业园区孵化器趋向于构建创新生态体系，这一体系涉及诸多要素，如研发、产品化、市场、投资、融资、专利、法务、财务、人力资源等。生态体系建设特点如下：

一是综合利用各种手段，包括提供物理空间，提供以链接和分享为主的增值服务，提供融资渠道，为创业者提供全方位、一站式、全生命周期的扶持。例如，科创产业园区孵化器利用智能平台的自主数据、各类第三方数据（包括技术项目数据、行业信息数据、创新战略数据、专利数据、科技型中小企业评价数据、孵化机构统计数据等）和各类交易的反馈数据，借助技术与经济评价、企业与产业评估、绿色企业评级、孵化器评级等方法和工具，不仅满足线下的服务需求，也提供线上的创新创业服务。由此，为创业者及小微科创企业提供深度匹配、国际市场进入、咨询、中介、培训等多样化、个性化、定制化服务。

二是提供重度服务及精准孵化。包括：为创业团队量身定制发展战略、寻找上下级供应链、引进专业人才、打开市场渠道，以业务链形式与创业者结成利益共同体；为满足在孵企业的需求，也为自身的利益最大化，孵化器公司直接入股在孵企业，双方形成股权关系。

3. 构建新型创新应用生态环境的赋能载体

科创产业园区孵化器作为承接技术转移与资源外溢的优质载体，承担赋能辅助者的角色。一方面，科创孵化器可以快速集聚一批产业链上中下游初创技术企业，为产业结构优化与质量提升带来新鲜血液，补齐关键缺失环节，强化主导企业在相关产业领域的布局力度；另一方面，科创孵化器可通过主导企业的集聚效应和示范带动，打通创新要素流动渠道，最大限度利用资源，强化底层通用技术与产品研发，推动创新模式由单一领域的离散式突破向跨领域的群体性突破转变，构建新型创新应用生态环境。

其一，从微观层面看，科创产业园孵化器通过集聚同类产业企业，通过吸引和孵化本专业内的优势项目，集中本专业领域内众多专家的优势力量，使更广泛的协作关系开始在同类企业之间形成，从而促进产业内的各类资源高效共享配置，促进彼此之间共享创业经验和资源，形成庞大和专业的学习网络。

其二，从宏观层面看，孵化器可以与周边或者相似的其他孵化器、大学或相关科研机构、专业融资机构等其他单位合作，形成以孵化器为中心的"孵化网络"，网络内部的成员和在孵企业可以互通有无，形成协同效应，促使服务内容之间的互补与最大化的利用效率。当以城市或地区，或者以跨越区或跨越城市，甚至以整个国家为基础的产业孵化器网络形成的时候，孵化器的网络化便真正得以实现，资源也能得以高效配置，在孵企业可以更加便携地享受到各类服务。

二、新时期孵化器在科创产业园区中的定位

根据科创产业园的发展定位，结合孵化器特征和作用，分析孵化器在科创产业园中的战略、功能定位。

1. 总体功能定位

定位为集研究、办公、文化、创意、教育、社交、生活等于一身的新型微社区。

科创产业园区孵化器主要服务对象是拥有创新科技项目或者致力于创业的科技人员群体。新时代科创孵化器的角色在于集合各界资源，来帮助有创意和创业精神的创客实现他们的创新价值。同时，包括孵化器运营方在内的各界资源，可以在创新价值实现的过程中获利，并促进社会科技的进步、人

民生活水平的提升以及人的精神价值的实现等。

随着人们生活水平的不断提高，人们对物质、精神的需求正逐步增加，在孵人员对孵化器的需求也在不断升级。科创产业园孵化器不仅包括研发空间，也应包括休闲空间、会议空间、服务空间、后勤空间、生产空间等。当代孵化器建筑越来越向"综合体建筑"方向发展，即在孵化器建筑中，各种各样的功能混合交融在一起，使得高科技企业工作者不仅可以在孵化器中研发、办公、洽谈业务等，还能运动、休闲等。这符合现代办公空间理论提出的"如家"办公模式：办公室和家之间没有明显的分界线，员工在轻松的工作氛围中可体会到家的温暖和便捷。同时，孵化器建筑空间由多种功能混合而成，也符合孵化器建筑的"在企业创业初期提供各类促进企业成长的包括法律、培训、风险投资等服务"的宗旨，更好地促进在孵产品的创新和发展。

由此，科创园区孵化器不仅仅是一个为孵化企业服务的办公建筑，也不仅仅是一群专业技术人员、科技研发人员、创客人员集合办公和社交的场所，它更是城市中的集研究、办公、文化、创意、教育、社交、生活等于一身的新型微社区。

2. 功能空间体系

作为集办公、研究、文化、创意、社交、教育、生活等于一身的创业服务平台，科创产业园区孵化器的发展方向将从已往的以联合创业办公为主，向办公＋生活＋娱乐等一体化发展，形成开放、共享的创业生态聚集空间。

在科创园区孵化器调研过程中，通过走访座谈，我们获得了大量孵化器管理人员、创业人员对于孵化器的功能需求的一手信息；以此为基础，结合科创产业园所承载的学习、创业、工作、居住及生活社交模式等，我们将孵化器主要功能空间分解为五大类：

（1）科创孵化

为不同成长阶段创业者提供联合办公空间。该办公空间包括：

• 开放办公／小型办公室，主要为初创团队（1~20人）提供不同规模的办公场所；

• 加速器办公室，主要为快速扩张期的团队（20人以上）提供相对宽敞、独立的办公室。

除了相对传统的办公模式，科创孵化区还提供产品试验场所，为特定的产品研发，如为智能制造产品试验提供一定的空间场所，包括孵化器、标准厂房和小型研发中心、中试车间、实验室等。

（2）创业服务

提供金融、法律、税务服务和满足观点分享、经验交流、导师指导、项目打磨，以及融资推广的各种社交、沙龙和会议的专业服务空间。当孵化器规模较大时，该部分功能可能与开放办公及小型办公区结合设置，如商务茶吧、路演空间、多功能会议或报告厅、公共展厅、信息阅览室、测试机房等。

（3）商业配套

餐饮、咖啡、酒吧、超市、游戏娱乐等为创业人群提供综合服务的空间，如休闲咖啡区、特色餐厅、健身房、小型超市及金融服务设施等。

（4）生活性服务

青年公寓、健身房、公共交流空间等有助于创业社区建立的空间。

（5）公共服务

公共食堂、公共休息室、观景平台、屋顶花园、慢跑道、开心农场、露天电影、行政办事处、公共交通站等。

图 4-2　科创产业园区孵化器功能构成
图片来源：参考《浅谈作为"孵化器"的办公建筑设计》（《建材与装饰》2016 年 5 月刊，高小舟）图例，结合调研自行绘制

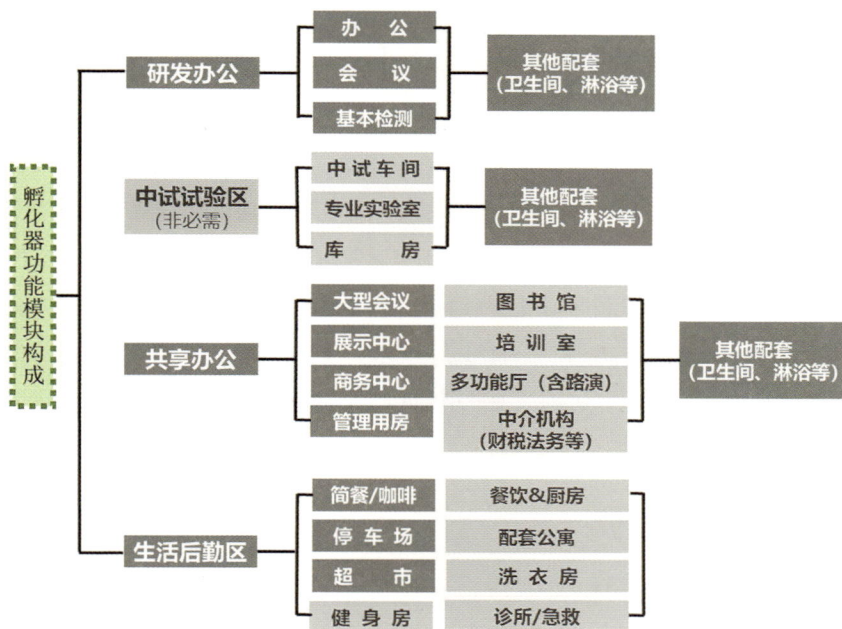

033

第五章

科创产业园区（孵化器）规划设计案例

一、阿德勒斯霍夫高科技产业园——能源与生态完美融合的智慧园区

阿德勒斯霍夫高科技产业园位于德国首都柏林的东南部，始建于 1991 年，占地面积 4.2km²，是目前德国最大、欧洲第四的科技园，德国最成功的高科技产业园区之一，也是柏林最著名的媒体城。重点发展高新科技、文化传媒和服务经济等产业，主导产业包括光电、可再生能源、微系统和材料、信息和传媒、生物和环境等。截至 2018 年 12 月 31 日，入驻企业达到 1128 家，科研机构 16 家，从业人员近 2 万人。

阿德勒斯霍夫高科技产业园整体规划有序、布局合理，遵循节约环保、有机绿色理念，研发、培训、生产和服务紧密融合，互相渗透，形成一座没有围墙的现代化科学园区。周边有泰格尔（Tegel，车程 52min）与舍内费尔德（Schonefeld，车程 10min）两个国际 / 国内机场，另外有四条近郊火车线路过园区（30min 可到达柏林市中心）。区域内部包含多种商业配套设施，如购物广场、托儿所、公园、运动设施等。

空间规划设计解析：

（1）产学研一体

鼓励和支持园内学校、科研机构与企业之间的互动和联系。大学及科研机构在企业生产车间内都设有实验室，科研人员与工程师形成研发团队，共同攻关，实验室的新技术可马上在生产线上检验应用，提高技术转化效率。同时设立多个科创中心、技术中心等，形成内生性科技创新生态。

（2）从规划先期确立生态智慧发展方向

从原有存在工业污染的地块出发，利用约 10 年的时间，改善区域生态环境质量。园区将生态友好、绿色能源利用、绿色建筑、慢性交通系统、电

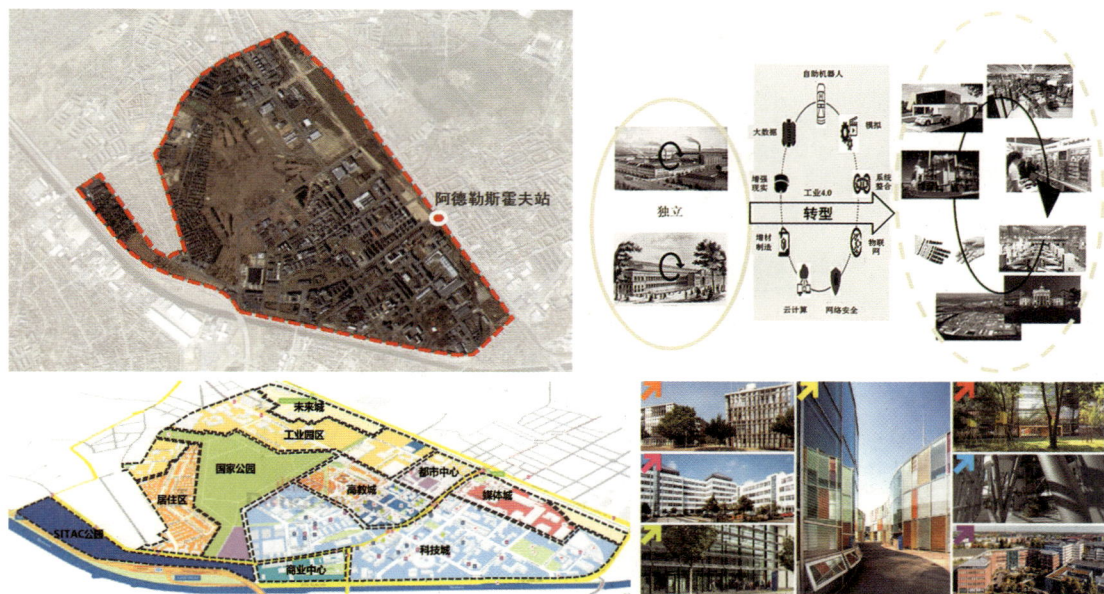

图 5-1　阿德勒斯霍夫高科技产业园

动汽车和低影响开发（海绵城市）等落实到园区实际建设之中。

（3）便捷的综合交通网络

紧邻阿德勒斯霍夫站（Adlershof，30min 到达市中心），直达柏林市中心和柏林舍内费尔德机场（10min 车程）。内外联动，形成"轨交＋有轨电车＋公交"园区综合交通网络体系。

（4）工作、生活、休闲一体化园区

阿德勒斯霍夫高科技产业园在德国柏林有"城中之城"之称，园区已建成包括住宅、商场、酒店、医院、学校、高尔夫球场和公园等一系列配套的生活服务设施。阿德勒斯霍夫高科技产业园经过多年发展已形成涵盖"广场一公园一运动场"开放式生态休闲空间、"别墅一公寓一酒店"多层次居住生活空间、"餐饮一购物一文化一医疗"系统化生活服务配套的工作、生活、休闲一体化园区。

案例借鉴

阿德勒斯霍夫高科技产业园在空间规划上的成功首先是其"生态、智慧"园区定位，从建设投资角度极其重视建筑节能、可再生能源利用和生态环境保护，被评为柏林最智慧的邻里单元，为投资方节约了大量能源消耗成本。其次是园区对于孵化功能的重视。在空间分配上优先考虑企业需求，为其提供更多的公用实验室、共享办公区域，解决了创业企业起步阶段难以负担实验材料、设备的问题，空间规划设计从客户需求上去考虑。

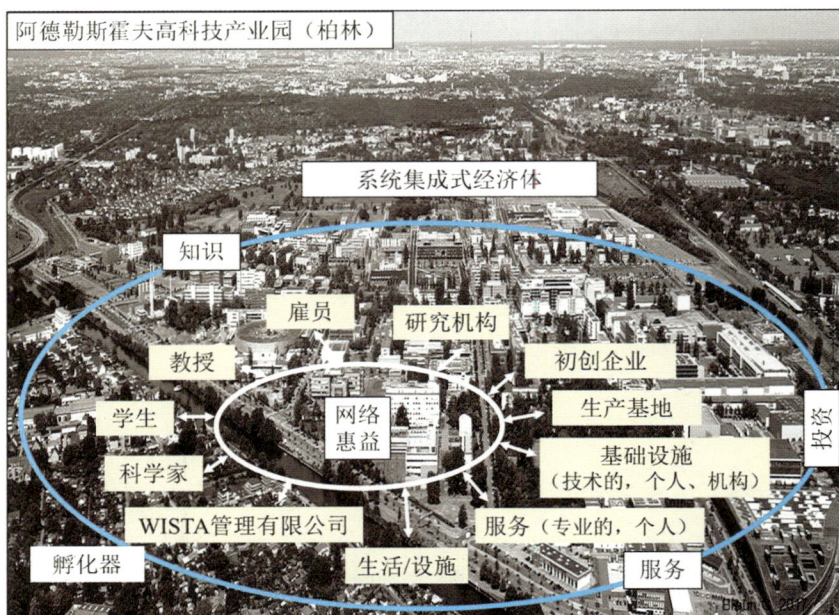

图 5-2 阿德勒斯霍夫高科技产业园多层次功能分区示意图

二、大金工业技术创新中心——"零耗能"绿色建筑的实践

大金集团旗下的全球科技创新研发中心，坐落于日本大阪，是获得 LEED 铂金级认证的建筑之一。办公区是平面 60m 见方的两层巨型楼层，中央部分用来作为协助创业地——畅所欲言平台（Waigaya Stage）。该建筑选址与节水、节能、环保材料的应用，以及高品质室内环境质量，都与绿色建筑的理念完全契合。

空间规划设计解析：

（1）办公区域围绕大公共平台的空间布局

大金工业技术创新中心的所有办公区都布置在距中央畅所欲言平台 30m 以内的范围内。位于办公下层、通过挑空空间连续的智慧森林，是一个促进与外界共同创新的楼层，配备有开放的会议空间、会议室、圆形讲堂和开放实验室，可应对各种合作。

（2）充分利用大金企业的节能技术

大金工业技术创新中心充分利用大金的技术，进行了节能实践，实现了零能耗建筑目标，在减少 90% 能耗的同时还兼顾了工作场所的舒适性。目前该项目已经获得了 CASBEE（建筑物综合环境性能评价体系）的 S 级认

图 5-3	图 5-6
图 5-4	
图 5-5	图 5-7

证和 LEED-NC 最高级别的铂金级认证，意味着其极具可持续性并有巨大的环境、经济和社会效益。绿色与传统工业厂房、办公楼有效结合，为企业孵化器提供了更加智慧的空间基础。

节能技术的实现从对自然光线的利用可以看出。建筑中庭、景观玻璃与立面玻璃幕墙结合，可以实现白天大厅全自然采光，不用灯具照明；另外建筑整体的围护结构采用高性能的 ZEFFL 隔热材料及 Low-E 玻璃，提高建筑耐久性的同时也能够让更多可见光进入室内，并且双层玻璃之间充满了氩气，提高了玻璃的保温性能。

此外，对于空调这一建筑运维中的"能耗大户"，大金全球科技创新研发中心采用的是集团旗下 VRV 空调系统和 DESICA 技术的联合调控冰蓄冷系统，通过控制空调负荷，结合智能节能管理控制，实时监测整座大楼的能源使用状态并进行能耗划分。同时在夜间（电价低）制冰供白天（电价高）供空调使用，大大降低空调运行费用，缓解夏季电力紧张的问题。

以上举措使得整座大楼中的人体舒适性相较于传统建筑得到极大提升，并且建筑整体净能耗下降了 79.4%。

三、全至科技创新园——"工业上楼"创新孵化模式

深圳全至科技创新园位于深圳沙井，是在茅洲山工业园原有基础上拆除部分厂房建设的全新科技创新园。2012年起，全至科技创新园投入了数亿元，按照甲级写字楼和工业厂房双重标准建设23层的科创大厦，大厦高度增至99.8m，层高4.2m，荷载750kg/m^2。2015年，该园区完成了科创大厦建设，为产业发展提供了16万m^2的优质空间，集研发办公、高端生产、产品展示、生活商业配套于一身。其中，科创大厦、1号、2号、3号楼可用作研发办公、产品展示、生产实验等，科学灵活规划户型，定制企业高效生产空间，充分匹配科技企业转型升级需求。现已聚集一批工业4.0智能制造领域极具发展潜力的企业和机构。

深圳全至科技创新园作为深圳宝安区"工业上楼"创新模式的大胆尝试，上楼的企业需要满足生产设备重量较轻、生产过程中产生振动小等条件，主要是工业互联网、智能装备及机器人、物联网、大数据等企业。

空间规划设计解析：

空间结构上，园区分为两园三区：北园A区——研发生产区；北园B区——生活配套区；南园C区——高端制造区。

（1）科学的人、货、车流规划

科创大厦通过科学规划流线，实行人车分流、人货分流，配置大型全天候卸货平台，垂直运输能力高效，配备多台大型载重客梯，方便企业运送设备仪器、材料及产品等，满足各种大型研发、生产设备的需求，实现工业上楼。

（2）高端厂房与科创大厦结合的新型工业建筑

全至打造的是符合"中国制造2025""工业4.0"要求的新型高端产业空间，并结合甲级写字楼标准建造。通俗地说，就是要建"高端厂房"。老式的工业厂房没有排风，厂房里放个大风扇就当排风设备，没有雨污分离设施。全至科创园的每个单元都按照企业生产的标准建设了独立的污染排风管道，排水也实现了雨污分离，每个单元里还建设了独立的茶水间、洗手间，企业可以在前端做研发和办公，在后端做生产，满足高端智能制造企业的研发生产一体化需求。

（3）"工业上楼"下的人性化空间生态设计

全至科技创新园的展厅、多媒体等区域打造遵循环境行为心理学，融入视觉、动觉、触觉等多种感官信息，并结合整洁清新的环境和明亮的照明，"体验式设计"让自身产品散发独特魅力，给予入孵企业更开朗、舒适的办公、交流空间。

案例借鉴：

全至科技创新园在工业建筑与办公建筑之中扬长避短，既保留了办公建筑现代生活、办公服务的优势，又结合了工业建筑对于生产机械的承受性能，弥补了传统写字楼建筑不支持机械上楼的缺点。同时在规划布局上，又保留办公建筑的现代艺术美学和结构美学，与传统工业厂房的呆板、落后造型以及生产环境品质较低完全不同。

图 5-8　北京中关村
软件园孵化园大楼鸟瞰

图 5-9　北京中关村
软件园孵化园大楼室内

图 5-8 ｜ 图 5-9

四、北京中关村软件园孵化园——软件园内的孵化园

北京中关村软件园孵化园位于中关村软件园内，拥有两栋孵化器大楼，占地总面积 22 000m^2，建筑总面积 28 600m^2（软件园区总占地面积 139hm^2，总建筑面积约 60 万 m^2）。作为中关村软件园产业生态的一个重要组成部分，中关村软件园孵化器历经多年发展，已成为全国科技企业孵化

■ 服务体系
中关村软件园孵化器 ZGC SOFTWARE PARK INCUBATOR

从人才、企业、产业三个维度出发，围绕基础服务、空间服务、政务服务、金融服务、人才服务、国际交流、技术创新、党群工作八个方面构建完善的服务体系

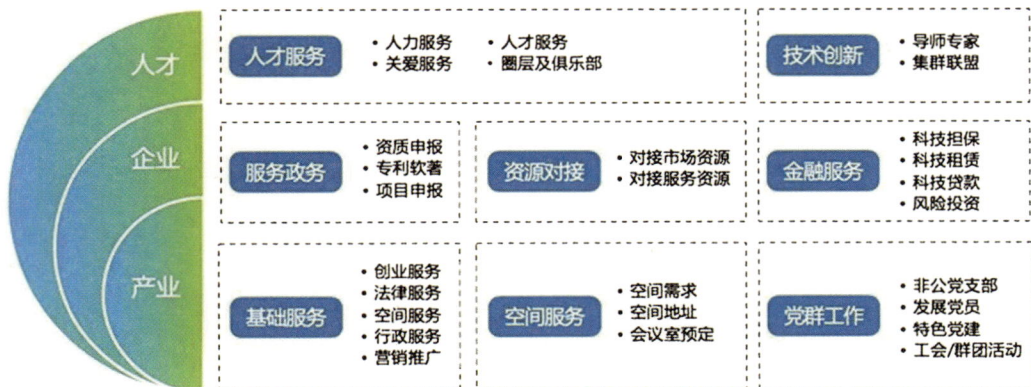

器在软件行业领域的典型孵化器，得到了北京市软件行业科技创业者的认可。同时，中关村软件园孵化器作为海淀区留学人员创业园，全面助力留学归国人才创业，为其提供多维度服务。

空间规划设计解析：

（1）增加各类新型空间载体

在"大众创业、万众创新"的时代大潮下，园区改造或新建孵化器、加速器、集中办公区、众创空间、创客工作室等新型空间载体，吸引各类创业团队入驻，借助产业基地的综合优势，提供丰富的创业服务。在硬件服务设施方面，软件园通过增加自持载体业务，完善园区产业服务体系，对园区企业进行投资，并加设了信息中心、软件广场、孵化加速器、云计算示范创新中心、国际交流与技术转移中心、互联网与智能创新中心等创新创业载体，为创业者服务，力图让创业变得简单。

（2）重视产业集群规划

中关村软件园基地为了有效发挥孵化器的作用，从最早的 IT 服务外包产业集群，转向围绕软件产业前沿技术集聚发展，在规划上新增了云计算产业基地、大数据产业基地、移动互联产业基地、人工智能产业基地等辅助设施来完善园区孵化功能。

（3）采用"浮岛"式理念建设

在园区环境的营造上，园区在建园伊始就采用了"浮岛"式理念对园区进行总体规划，在空间利用、交通系统、景观生态、绿色建筑等方面做出了很多有益的尝试。

五、珠海横琴创意谷——拥有空中立体花园的孵化基地

横琴创意谷位于珠海横琴新区，项目总用地面积 12.8 万 m²，总建筑面积 13.7 万 m²，集商务办公、商业服务、人才公寓于一体，规划目标是打造珠三角最具"互联网 +"思维的创业新高地。

园区定位是为科教研发、文化创意、商务服务、中医药等产业提供人才创新创业的孵化基地，支持澳门经济适度多元化发展。

空间规划设计解析：

（1）园区绿化实现从平面到立面的打造

横琴创意谷园区除了拥有大面积的街头绿地、附属绿地外，还拥有垂直

立体绿化项目，总面积达 800m²。绿化品种上，优选多种耐旱植物，特别挑选叶绿、花红或有黄色斑斓叶面的植物，营造五彩缤纷的艺术效果及层次感。结合屋顶绿化的打造，在绿地空间极低的工业园区内，营造令人舒适的花园式空间环境。

（2）孵化园区内外配套设施兼备

横琴创意谷园区内北侧有配套会馆、运动设施，西侧为人才公寓，满足了入园办公人员的生活、休闲、消费需求。孵化园区一层为园区提供餐饮、会客等功能，园区内外配套设施完善，吸引了越来越多的创业团队入驻。

六、东莞松湖智谷——公园里的产业新城

松湖智谷位于东莞市寮步镇，项目规划总用地面积约 121 万 m²，总建筑面积 219 万 m²，规划定位为生态绿洲、科技新城。其产品主要包括绿地公园、集中商场、休闲商业步行街、星级酒店及酒店式公寓，以及办公、研发、工业大厦、住宅和相应的教育生活配套等，共同打造一个融休闲、购物、居住、娱乐、生态、办公、生产于一体的科技新城。项目所在区域对外交通联系方便、快捷，区域未来的发展环境优越。

空间规划设计解析：

（1）生态环境——一座长在公园里的智造产业新城

园区以"产城融合、生态先行"的发展理念，采用PPP模式投入5.1亿元，在香市科技产业园内打造2km滨水长廊景观带、三大市政公园（滨江公园、市政公园、原生山体公园），绿化总面积达到16万 m²，产业园能够享受到都市的绿色生态休闲园区。园区内有六纵七横园区道路网络，纵横交错的骑行绿道，与松山湖风景区、同沙水库生态公园、佛灵湖生态公园、香市动物园等城市绿肺相得益彰，松湖智谷被称为"一座长在公园里的智造产业新城"。

（2）产品规划——匠心打造工业上楼

松湖智谷立足于产业、企业发展，定位为"制造名城的新智造基地"，创新产品设计，以智能制造、研发设计为主导产业，以贸易展销、产业配套服务为辅，构筑企业生产、研发、中试、配套、展销、办公等全生态链。产品主要包括工业大厦、产业大厦、超高层企业总部大厦，配套少量的人才公寓和产业配套，其中开发物业70%为产业大厦，以智能制造产业用房为主导，核心模式是实现智能制造的"工业上楼"。

（3）园区配套——打造全生态链产业社区

松湖智谷以产业生态新城为核心理念，围绕园区企业和员工的需求，设有 5000 ㎡网红智能餐厅、配套商业街、共享会议室、一站式服务中心、政府政务中心、市政公交车站、园区接驳巴士、生态公园、科技孵化器、产品展示中心等完善配套，并申请寮步人才公寓，安排免费接送巴士，解决企业人才吃住行生活配套。

除此之外，项目 B 区计划引进、建设生活商超、电影院、健身房、商务酒店、人才公寓等完善配套，为园区企业提供办公生产、创业孵化、休闲娱乐、生活消费、员工居住等一体化配套。良好的经营环境和生活环境、一站式的完善产业配套，园区不再是冰冷的钢筋混凝土工厂车间，而是企业经营和员工工作的温馨家园，真正实现产、城、人融合的生态新城、智慧新城、产业新城、人文新城。

第六章

科创产业园孵化器的规划设计策略与思路

在深入调研深圳重点科创产业园孵化器、摸清孵化器规划设计现状及面临问题的基础上，课题组根据科创产业园发展趋势，借鉴国内外规划设计案例经验，分析影响科创产业园孵化器发展的影响因素，提出未来科创产业园孵化器规划设计的主要原则、总体目标、重点领域和设计要点，为科学合理规划设计孵化器提供策略思路。

一、科创产业园孵化器调研

1. 主要调研对象

课题组通过实地调研走访、文献查阅、网络搜索等方式考察研究了大量科创园区孵化器案例，这里将以深圳市南山区的典型案例为基础展开深入分析，包括南山科技创业服务中心、珠光创新科技园孵化器、硅谷大学城创业园孵化器、大学城创客小镇、深港产学研基地、虚拟大学园、深圳市留学生创业园、溢创新·卓溢孵化器、筑梦之星等深圳市重点科创产业孵化器进行考察和研究。

		孵化器调研信息			表 6-1
		硅谷大学城创新园	珠光创新科技园	深圳大学城创客小镇	深港产学研基地
规划	周边业态	高校、小区、商铺	城中村、小学、产业园	小区、产业园、生态绿地	产业园、高校、小区
	周边交通	地铁、公交	公交	地铁、公交	地铁、公交

续表

		硅谷大学城创新园	珠光创新科技园	深圳大学城创客小镇	深港产学研基地
建筑	总建筑面积（m²）	3.5万	1.8万	4万	3.6万
	成立时间年	2007	2013	——	1998
	新/改建	新建办公楼	厂房改建	厂房改建	新建办公楼
	层数	多层	中层	中层	多层
	柱距	6m×9m	复合型	复合型	6m×6m
	层高（m）	3.3	4.5	4.5	3.3
	孵化企业领域	电子、信息技术	电子、智能制造、IT项目	生物医药、信息技术、多媒体	信息技术、环境科学、生物医学
	主要功能	办公、创业服务、会议、多功能、创业投资	办公、创业服务、技术检测、投资服务	办公、会议、多功能咖啡厅	办公、技术转移、成果转化、创业投资
	建面实用率	75%	——	75%	70%
	立面特征	简洁、现代感办公风格	简洁、现代感办公风格	简洁、现代感办公风格	旧裙楼风格
空间	孵化单元	多种面积办公室、会议室、多功能厅	多种面积办公室、咖啡厅、临时办公	多种面积、多种形式办公室、咖啡厅，临时办公	实验室、会议室、多种面积办公厅、咖啡厅，临时办公
	共享交流空间	洽谈区、DIY咖啡厅	共享会议室、培训室、咖啡厅、健身房、休闲区	门厅、咖啡厅	咖啡厅
	生产性服务空间	多功能厅、办公室	检测中心、多功能报告厅、办公室	每层楼均配置公共会议室、办公室	办公室、实验室、中试区
	生活性服务空间	员工食堂、DIY咖啡厅、配套公寓	咖啡厅、书吧、健身房、生活公寓	咖啡厅、底商	咖啡厅、食堂
绿化	室内绿化情况	少量室内绿化	无室内绿化	利用较难使用边角用地改造为绿化休闲区	无室内绿化
	室外绿化情况	防护绿化与景观绿化	除防护绿化外，较少额外绿化	除防护绿化外，较少额外绿化	除防护绿化外，较少额外绿化
	特殊绿化	无	无	无	无
备注		运营为半官方性质	民营为主	民营为主	运营为半官方性质

2.孵化器现状特征分析

（1）选址大多靠近城市中心区

本次实地调研孵化器大多为国家级科技企业孵化器。从孵化器在城市所处地理位置来看，绝大多数区位条件较好，交通便利，或离城市中心区不远，或在高校附近和科技金融中心。这说明创新型孵化器经营者十分看重创新创意人才，选取生活及交通便利的城市中心区或者高校附近和金融区为创新型孵化器的办公位置，更加容易吸引高素质、高学历的高科技技术人才。同时，创业者工作更加看重时间因素，在生活和工作交通上，节省更多的时间，可以为创业者提供更好的条件。

图6-1A　孵化器区位示意图

说明：溢创新·卓溢孵化器和筑梦之星，创新型小型孵化器，位于深圳市内新兴高新技术区，交通便利，地铁线直达楼宇旁边，服务于许多初创企业及小微企业。深港产学研基地、虚拟大学园、深圳市留学生创业园，背靠南油、蛇口，处于多个大学产研基地中，紧邻深圳大学和高新技术区，地铁线及多条公交直达，交通便利、人才输送便捷，服务于许多初创企业及小微企业。

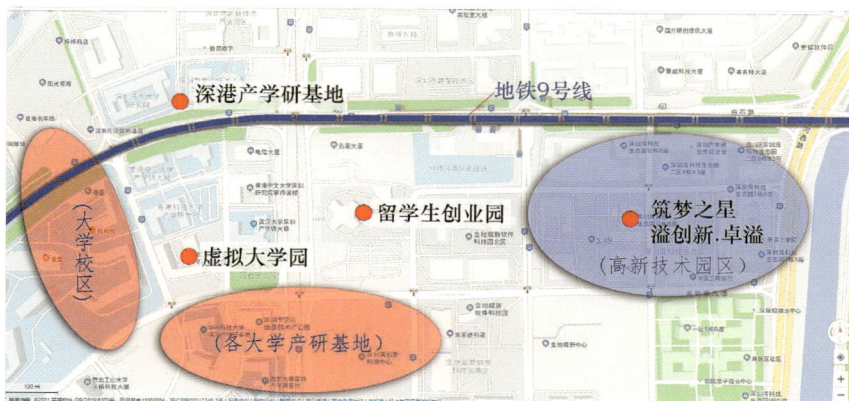

图6-1B　孵化器区位示意图

说明：深圳市硅谷大学城创业园孵化器、大学城创客小镇、珠光创新科技园孵化器，城市主干道附近，距地铁站5～10min路程，交通便利。大学城创业园及创客小镇周边有众多校区，人才输送便捷，服务于初创企业、小微企业及部分中小企业。

图6-1C　孵化器区位示意图

说明：深圳市天安数码城孵化器、深圳市留学人员龙岗创业园，位于龙岗中心区，附近盐龙大道是深圳市"七横十三纵"干线路网规划中的重要纵向通道，交通便利，服务于不同规模的初创企业和中小企业。

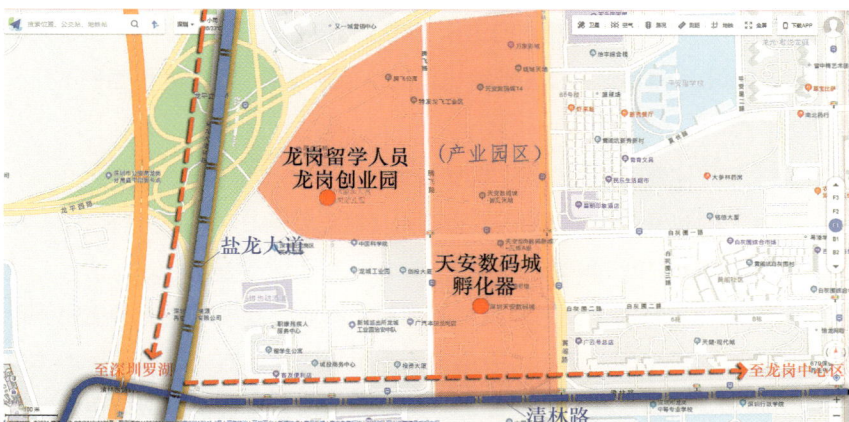

（2）孵化器的建筑规模差异大

开办时间较早的孵化器规模相对较大，建筑面积通常在几万平方米，比如，南山科技创业服务中心、深港产学研基地、大学城创客小镇、硅谷大学城创业园孵化器、珠光创新科技园孵化器建筑面积分别为 7.5 万 m²、3.6 万 m²、4 万 m²、3.5 万 m²、1.8 万 m²。

近年来新建立的孵化器数量众多，建筑类型及规模也更加多样化。由于土地资源的制约，孵化侧重点和资金投入的差异，以及市场对新型创业企业要求的变化，创新型孵化器逐渐向两端分化：一类规模普遍较小，建筑面积大多在 1000 ~ 5000m²，孵化更侧重于团队孵化和企业孵化；一类规模较大，多在 3 万 m² 以上，更具专业性，且多为全链条孵化。

差异要点如表 6-2：

现阶段市场上新型孵化器建筑规模、功能设置及孵化侧重点差异对比 　　表 6-2

	小型	大型
建筑面积	1000~5000m²	3 万 m² 以上
地理位置	多位于城市中心或科技金融繁华区	城市中心辐射范围内，城市干线附近
孵化侧重	团队孵化和企业孵化	全链条孵化或产业型孵化
功能设置	以办公、培训、展示（含路演）为主	具备更加专业的科研、中试及生产模块
参考实例	溢创新·卓溢孵化器和筑梦之星等	深圳市天安数码城孵化器、深港产学研基地等

创新型孵化器与传统型孵化器在孵化场地方面有着较大差异。传统国家级综合型孵化器和专业型孵化器，分别要求可自主支配的孵化场地使用面积在 20000m² 和 10000m² 以上；2018 年发布的《国家级科技企业孵化器认定》中申报条件里则明确要求"孵化场地集中，可自主支配的孵化场地面积不低于 10000m²"。但对于创新型孵化器，目前全国各地没有统一规定，只要求打造适应创新创业需求的工作空间、网络空间、社交空间、资源共享空间。深圳市科创委对科技企业孵化器的认定则要求"孵化场地面积不低于3000m²"。

（3）孵化器的主要建筑类型

根据不同的建设方式，当前常见的孵化器建筑多为以下四种：

1）商业办公楼改造

在空间使用方面：受到高租金的限制，商业办公楼改造的孵化空间普遍为了提高建筑空间实用率，采用了大面积块组合的方式，减少了墙体分割使用的情况，使得块内空间能够容纳更多的办公卡位，以取得更好的租金收益，这使得建筑使用率高达 70%。优点是开放性更强，缺点是私密性不足。

在功能分区方面：基本研发办公单元往往采取按照部门划分的方式，将同一部门的岗位归入一个分区单元内，并不设立专门的生活区，而是将各类生活设施安插入各分区之中，整体上降低了公共服务空间的面积，企业空间实用率可高达 75%。

如筑梦之星生态园基地、龙岗留学生创业园等。

2）商务酒店改造

在空间使用方面：对优良地段的商务酒店进行改造时，由于原有建筑结构的制约，通常仍会保留原有开间格局，或局部根据市场需求打通 2 ~ 3 间进行组合。建筑使用率一般在 65% ~ 75%，适合需要较为私密性质的创业团队，缺点是共享交流不足。

在功能分区方面：一般公共服务空间往往设置在底层或裙楼，标准层的每个房间往往自成一个孵化单元。

如筑梦之星南山锦会基地、硅谷大学生创业园孵化器等。

3）工业厂房改造

在空间使用方面：对废弃的旧工厂厂房进行改造，根据其承载的产业功能特性分割空间，形成适合不同产业需求的特色空间。深圳市多数工业厂房建成时间较长，多为传统混凝土承重结构。由工业厂房改造的孵化器空间划分主要受到承重结构的限制，空间划分较小，分隔墙体的数量相对较多，且需要预留的消防空间、安全生产设施空间较多。建筑使用率约 60%。各分块单元内能够容纳的办公卡位较少，创业团队办公私密性更强。

在功能分区方面：基本研发办公单元受限于传统厂房空间进深过大的平面形状、规则的柱网排布，往往室内采光不足，空间划分受到了较多限制。建筑的功能分区较为零散，其中较小空间单元占据较大比例，每个小空间单元可以容纳 1 ~ 3 个创业团队办公；较大的空间单元则用于开放办公空间，而长条形的空间则多用作公共服务空间。厂房的建筑性质又为创业团队提供了中试、研发、生产的条件。

如创客小镇等。

4）新型工业厂房

政府或企业为满足产业发展新需求，在某些大型科技研发基地周边新规划建设产业孵化器集聚区，并配套以完善的基础设施，形成完整的空间形态，塑造良好的创新氛围。

在空间使用方面：新型工业厂房是在传统工业用地上对传统工业厂房进

图 6-2 工业厂房改造的共享空间

图 6-3 工业厂房改造的多功能共享空间（可做路演）

行重建、新建的建筑物，采用的往往是较新的钢结构，建筑使用率更高，空间分割更加灵活。且在租金较低的优势下，可以提供的公共开放空间更多，既保证了创业团队的办公私密性，又保证了创业团队之间的社交性，建筑使用率约 75%。

在功能分区方面：分区所受到的限制更少。同样，新建厂房具有空间大、层高大、分隔灵活的特点，为创业团队提供了中试、研发、生产的空间条件。

如天安数码城等。

（4）孵化器的主要建筑形态

根据不同的建设方式，当前孵化器主要存在三种不同的建筑结构和形态：

图 6-4　生态园 10 栋办公层——筑梦空间改造使用的位置示意图

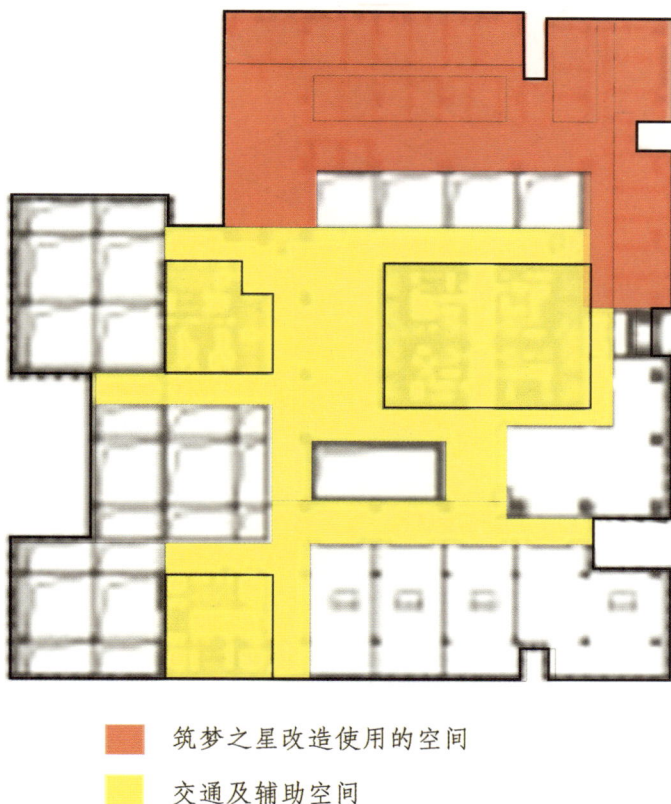

🟧 筑梦之星改造使用的空间

🟨 交通及辅助空间

①寄生式孵化器（依附于其他建筑）。寄生式孵化器是指与其他功能共存于同一栋建筑内，以寄生的形式依附于其他建筑。通常该类孵化器规模较小（小于 3000m²）。如通过住宅的裙楼、写字楼进行室内空间改造而成，或在原办公建筑基础上增加创业共享空间形成等。实地调研中，溢创新·卓溢孵化器和筑梦之星生态园基地均属于该类型。

②单栋式孵化器。单栋式孵化器是指建筑以独栋的形式存在，可能是旧建筑改造，也可能是新建建筑。该类孵化器在环境中相对独立。在实地调研中，硅谷大学城创业园孵化器属于该类孵化器。

③组团式孵化器（建筑群）。组团式孵化器是指孵化器在建筑形态上以组团的方式构成，该类孵化器通常用地较宽裕或者规模较大，各功能相对独立。在实际调研中，硅谷大学城创业园孵化器、大学城创客小镇、深港产学研基地均属于该类孵化器。虚拟大学园包括虚拟大学园楼、产业化大楼、重点实验室大楼三栋大楼；大学城创客小镇由 7 栋 6 层厂房改造的写字楼和 1 栋临街商铺组成；深港产学研基地由 9 层的产研孵化中心和 5 层的培训、服务中心两个分体组成。

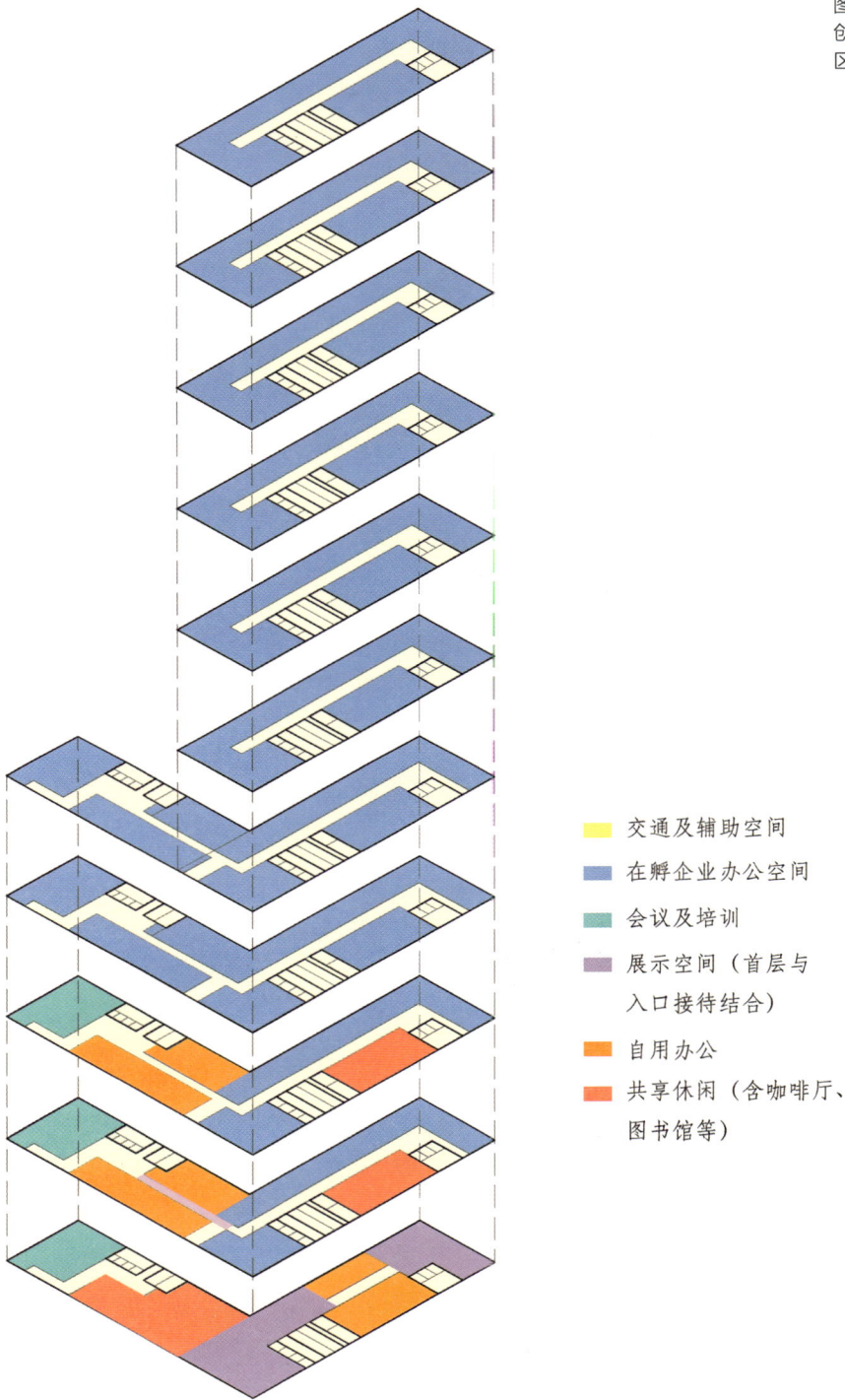

图 6-5　硅谷大学城创业园孵化器 10 层分区示意图

交通及辅助空间

在孵企业办公空间

会议及培训

展示空间（首层与
入口接待结合）

自用办公

共享休闲（含咖啡厅、
图书馆等）

图 6-6 大学城创客小镇总平面分区示意图

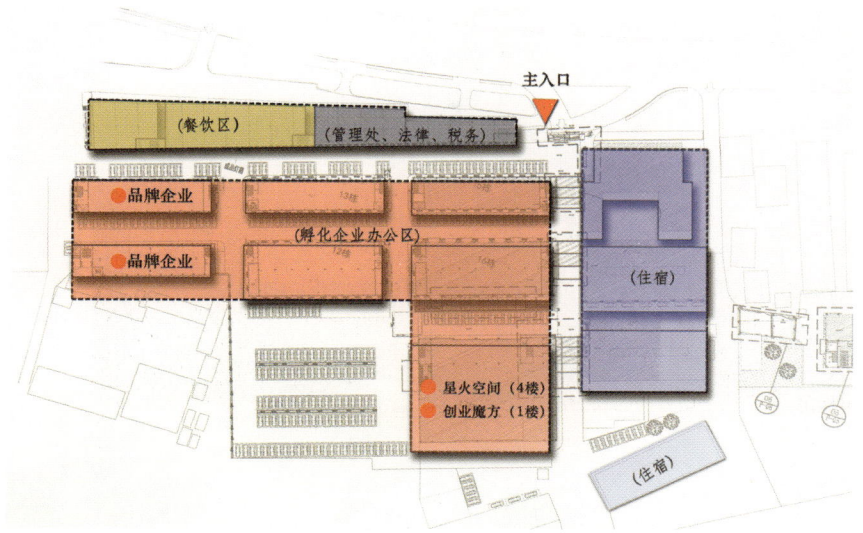

图 6-7 新型工业厂房孵化器典型代表

图 6-8 寄生式孵化器代表（溢创新孵化器占据办公楼层一部分）

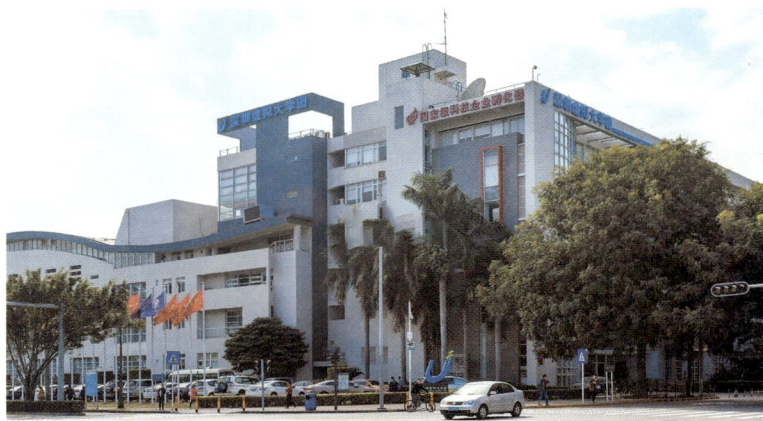

图 6-9　单栋式孵化器代表

图 6-10　留学生创业大厦（单栋式孵化器）

图 6-11　大学城创客小镇（组团式孵化器）

（5）孵化器交流空间呈现多样化

不同于传统的办公建筑，科技企业孵化器不仅为使用者提供工作场所，也为所承载的创意团队和项目提供自研发、融资、运营直到销售的全程支持和辅导。因此，孵化器的办公空间与传统办公空间存在本质区别，它主要从个人与团队的社交行为和自我需求出发展开一系列空间设计，将不同的功能空间融入一个完整的办公空间中去。因此，一个较为完善的办公空间通常具有十分明确与多样化的空间划分。科技企业孵化器的功能区域颠覆了传统模式的单一性，将多种空间复合于一体。团队成员既可以拥有各种形式的办公空间，又可以享受共享信息咨询的活动空间以及生动活泼的交流空间等。这些交流空间除了常规的会议室和多功能厅，还包括独立的咖啡厅、小型路演厅、小型讨论室、阅览区、沙发休闲区等。

图 6-12　溢创新·卓溢孵化器平面功能分区

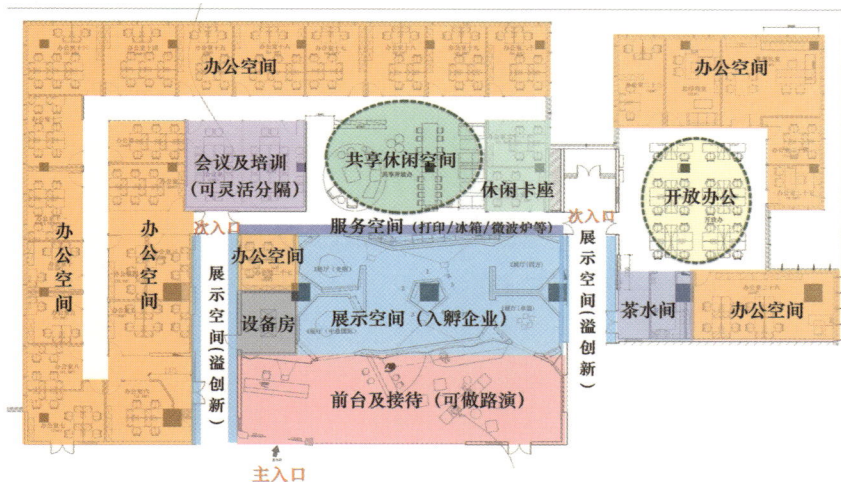

图 6-13　小型休闲区

图 6-14　公共洽谈区

二、科创产业园孵化器规划设计存在的问题

1. 高品质复合型功能的孵化器稀缺

未来孵化器发展的一个重要趋势，就是聚焦人工智能、数字经济、集成电路、智能网联汽车、高端装备制造、生物医药、海洋经济等前沿技术领域的知识密集型产业。产业结构演进势必引发创新人才结构变化，具有海外留学经验、高学历知识型人才将成为创新创业主体，并对高品质孵化器基础设施提出新的需求。当前市场上孵化器众多，但是不少科创产业园孵化器在开始规划时并未考虑到研发办公、测试、商务会议、生活休闲等功能整体的协调发展，导致不同功能空间之间缺乏有机联系和连贯性，无法形成完整的高效系统。市场上基于高端创新人才生产生活的需求空间，既能满足最新科技研发、办公、测试等工作需求，又能满足高端商务洽谈、高品质休闲娱乐需求、生态环境良好的高品质复合型孵化器比较稀缺。

2. 空间设计交互性和灵活性欠缺

不少孵化器由于是在老旧厂房基础上改造而成，以往传统的建筑空间难以适应新兴产业的发展需求，具体表现包括两方面。一是空间分割方式单一。深圳工业厂房多为传统混凝土承重结构，进深过大，承重结构占地过大，空间划分较小，且需要预留的消防空间、安全生产设施空间较多。并且为了满足商业效益，往往尽可能多地将优良采光一侧分割成若干串联式办公空间，

图 6-15　灵活利用材料和小空间体现设计交互性

将采光较差的区域用作公共开放区域，办公区、开放区之间的交互性差，使得孵化器的空间结构千篇一律。二是空间利用的灵活性欠缺。受限于传统建筑承重结构的限制，空间分配的灵活度降低，无法满足入孵企业对于工作、生产、研发、生活、社交的需求。深圳大多数孵化器载体仅能提供工作与会议的空间，而忽略了创业团队的生理和心理需求，空间管理与功能缺乏人性化。

3.满足市场需求的专业孵化器不足

未来新一代信息技术、生物医药、新能源新材料、节能环保等战略性新兴产业成为孵化器重点孵化培育的产业，相较于相对依赖生产设备的传统产业，有"轻型"生产的特点，即轻加工、环保型、低能耗。目前市场上现存的大多数孵化器在规划设计前期缺乏前瞻性考虑和长远布局，没有考虑到未来产业发展的变化产生的新需求，导致满足这些战略性新兴产业市场需求的孵化器较少。而现有孵化器向智能制造、生物医药等专业孵化器改造也存在不少困难。比如，满足智能制造产业发展的建筑设计需要充分考虑智能化生产企业需求，合理加大各项建筑指标，提升厂房的适用性及灵活性，满足智能化设备上楼的需求，而目前不少孵化器的承重、层高、进深等指标都无法满足这些需求。还有一些产业产业特性突出，像生物医药产业对于环保的要求非常高，生物医药产业污染物排放量大，治理难度高，特别是发酵类、化学合成类制药企业，对环境的影响比较大，也是监管部

图 6-16 采光不良的办公环境（完全依靠人工照明）

图 6-17 建筑材料产生的眩光或反射眩光影响办公者的舒适度（大片玻璃幕墙眩光）

图 6-16 ｜ 图 6-17

门的重点监控对象，未来环境保护和碳排放越来越受到关注和重视，政府将会制定更为严格的废物排放标准。目前不少孵化器并不具备与这一发展相匹配的环保基础设施。

4．适应新型工业 4.0 需求的载体空间缺乏

一是难以满足数字化智能化需求。新型工业 4.0 是基于大数据和物联网融合系统的智能化工业生产。在物联网时代，建筑需要从物联网感知、网络、应用三个层面去打造对应功能以实现工业智能。但当下的孵化器载体空间无法满足物联网端系统的硬件运用。主要表现在传统建筑绝大部分没有预留空间给相应的感知层传感器设备、物联网网关以及配套 BEMS 中心。原因在于其各类设备的空间预留不足，导致物联网的无线传感器网络与其他传统线路管路打架，不少建筑为了保证建筑基础功能不受影响，又或是因为美观原因而舍弃智能化系统的运用。

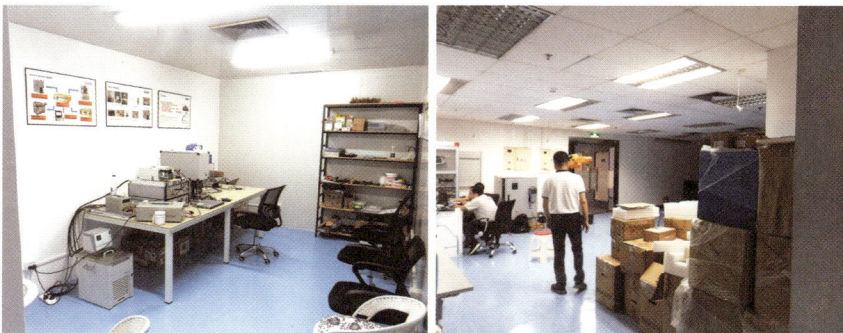

图 6-18 专属设施与办公区域的不合理拼接

二是光线、通风等设计考虑不足。外部环境的光应用不合理，仅关注采光问题，忽略了眩光处理和漫射光利用等；风环境利用不合理，缺乏通风系统设计，自然风向流动应用缺乏；传统建筑材料不能有效地提供保温隔热功能。

三是无法满足企业个性化定制。不同类型的科创产业对于空间的要求不同，传统工业对于空间规划的打造以批量化、模式化为主，这也使得物联网难以与传统建筑进行有效结合。建筑空间的层高、空间划分千篇一律，导致大部分新型工业所需要的专属设施工具无处安置。

5.私密性与共享性的空间处理不当

图 6-19　有效的分割设计和垂直空间设计

图 6-20　办公私密性与开放性处理不佳

图 6-19
————————
图 6-20

孵化空间规划设计，在响应共享办公理念的同时，也往往会将私密性与公共性之间的边界消除掉，导致共享办公区与公共交流区混为一体，往来的人员、交谈的声音以及不可预见的噪声都在某种程度上影响了企业办公的私密性与效率。并且公共交流区用传统布局的方式介入办公区空间，会使得原本有限的私密空间变得更加局促，空间使用更不合理。

空间分割灵动有效

有效的分割与空间设计

办公空间与开放空间布置局促

办公空间与私密空间分区明晰，尺度适宜

6.配套设施规划设计不足

一是存在交通不便、停车难等问题。在"大众创业、万众创新"的带动下，集中涌现出一大批孵化器，但不少孵化器存在选址距离城区远、交通不便等问题，给后续经营带来一定困难。另外，在交通便利的城市中心，不少孵化器是由传统工业厂房改造而成，由于前期规划车位不足，配套设施欠缺或不到位，导致孵化器难以满足快捷、便利化的市场需求。

二是传统工业用地绿化率低，景观质量差，创业团队人员对于景观观赏的需求无法得到满足。同时，外部环境设计缺乏向心性、亲和性，无法加强创业团队人员的归属感，这种向心性并非仅仅指环境形态层面上的，更主要的是精神、社会与文化上的趋同与凝聚。

三是不少产业园未配套相应的生活服务设施，难以满足创新创业人才的生活和消费需求。例如不少工业厂房改造而成的孵化器缺少饭堂、奶茶店、咖啡厅、书店等周边配套设施、防眩光设施，办公环境体验性差，使得孵化器对创业团队的吸引力下降，空置率高。

四是便捷性设计有待提升。特别需要考虑的是外部人员第一次进入办公建筑空间对于觅路和辨别方向的需求，这就要求办公空间应该具有明显的可识别性，但目前在同一孵化器内的统一模式、风格下的办公空间显然缺乏标识系统的设计。如何在不改变统一性的前提下保持企业个性，仍然需要设计者们对立面环境、接待服务、交通辅助空间等细节设计进行更深入的思考。

三、未来科创产业园建设规划趋势

新一轮科技革命和产业变革与我国加快转变经济发展方式形成了历史性的交汇，产业园也将实现从单一产业园区向综合性产业社区的深刻转变、从要素与资本驱动向科技与创新驱动的重大转折。

图 6-21　工业革命的时代背景演化示意图

18世纪末期 →	19世纪中后期 →	20世纪中后期 →	21世纪初
1.0 机械化	2.0 电气化	3.0 信息化	4.0 智能化
发源地：英国 初步形成全球化市场	发源地：德国 全球化市场发展与成熟	发源地：美国 全球化市场竞争加剧	发源地：德国 全球化市场出现新局面

图 6-22　空间需求相关性分析

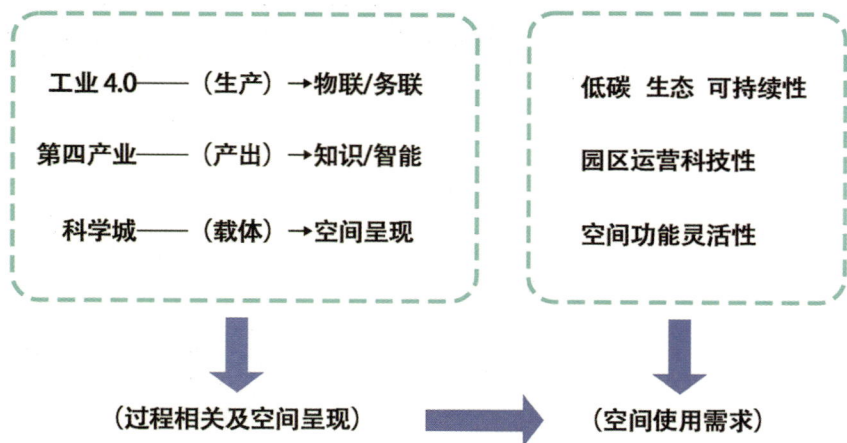

工业 4.0——（生产）→物联/务联

第四产业——（产出）→知识/智能

科学城——（载体）→空间呈现

低碳　生态　可持续性

园区运营科技性

空间功能灵活性

（过程相关及空间呈现）　　　（空间使用需求）

1. 国际化趋势

　　未来科创产业园将更加侧重于具有颠覆性的前沿领域，代表着最先进的技术革命方向，必然会产生更频繁的国际交流与合作需求，也将成为国际资金、国际技术、国际人才汇聚交流的重要载体、平台。与之相匹配的商务总部、会议展览、教育培训、仓储式购物等功能，以及考虑外籍人士需求的国际社区、双语学校，包括宗教场所都将成为规划设计的内容，更加国际化、多元化的文化氛围也将在此逐步形成。

2. 智能化趋势

　　新型工业 4.0 的核心是物理信息系统支撑的"智能制造"与"智能工厂"，工业互联网和物联网的广泛应用将彻底改变劳动密集型的工作模式，随之而来的是批量生产到私人订制、技术密集到信息密集、产业细分到产业融合。这一过程中智能化应用型研发成为关键，由此科创产业园区的功能构成、核心动力、空间形态等方面都将发生深刻的变化。当前，深圳市充分发挥信息产业优势，以华为为依托率先推进以 5G 技术为核心支撑的智慧园区建设。2020 年 4 月 7 日，华为技术有限公司与中国建筑科学研究院有限公司、深圳市建筑设计研究总院有限公司等联合编撰《智慧园区设计标准》，该标准将成为中国住建领域首个深度融合信息和通信新技术的智慧园区设计标准。

3. 低碳化趋势

　　传统的产业园区以生产功能为核心，生态环境常欠佳。而高科技人才、

图6-23　风格与灵感元素

商务人士对环境品质要求比较高。良好的环境品质将保证人的身心愉悦，促进非正式交往的可能性，并激发创造与创意的产生。高端创新型人才是科创产业园运营成功和可持续发展的关键，要留住一大批优秀的高素质人才，除了要有高水平的工作平台，还应具备舒适便捷的高品质生活环境和具有归属感的社区文化。未来构建田园化、体系化、多元化的公共活动空间，并采用时尚、环保建筑材料将成为科创产业园发展的隐形竞争力。

4.服务化趋势

面向工业4.0的产业园区不同于传统工业发展模式，而具有智力资源密集、企业规模较小、信息网络化等特点，这决定了新型科创产业园区功能的综合性：不是单纯的工业加工、科技产品制造区，还包括配套的各种商业服务、金融信息服务、管理服务、医疗服务、娱乐休憩服务等综合功能。科创产业园内"工作－生活"之间的界限将逐渐模糊与融合，研发、居住、商业将不再绝对隔离开来，多功能的混合兼容将减少不必要的机动出行，以慢行系统为主形成不同的功能簇群，并促进不同功能的相互促进与共生。

5.平台化趋势

工业4.0时代的产业园区将整合各个企业分散、雷同、共需的服务，如

图 6-24　配备有生活设施的共享办公空间

信息处理、交通管理、国际贸易、软件开发等，通过更加专业化的综合服务平台来实现，比如规划设计超云计算平台、工业设计平台、BPO 平台、国际合作咨询平台、智慧城市管理平台等，集约利用资源，为众多企业同时提供优质服务。同时，为生活与消费服务的各类设施也围绕创新人才的需求形成体系化的布局，包括教育、文化、医疗、购物等服务，由此构建优质创新创业生活圈。

四、科创产业园孵化器规划设计原则和建议

1. 重点考虑因素

科创产业园中孵化器的规划设计，除了需要考虑其空间形态、功能以外，更需要靠考虑其产业形态的类型，以及产业形态如何与空间形态、功能之间进行有效结合等。

（1）科研活动的空间需求

科创产业园孵化器需满足科研活动的部分需求，但它与专门为进行科研活动而设计建造的科研建筑又不同。孵化器仅将部分空间用于科研活动，它的大部分空间并不是用来满足科研活动的行为需求的。在产研结合的新工业环境下，科创产业园区中孵化器的空间设计应给入孵团队提供空间以进行科研，包括公共科研空间、企业定制科研空间等主要区域以及科研设施暂存区、

管理、展示等辅助空间。因此科创产业园的孵化器载体建筑空间设计应结合工业建筑以及科研建筑的设计要求进行融合，根据具体情况，适当结合办公建筑以及公共服务建筑的规范，实现产研功能的兼容。

其中公共科研空间应满足大部分同类型入孵企业共同需求，主要为基础型研究试验、通用型研究试验等科研行为；企业定制科研空间则应满足租用企业对于自己的产品技术进行升级和对专利发明等进行应用型研究试验，以及进行成果转化的开发型研究试验；辅助空间应参照《科研建筑设计标准》JG 91-2019 中对应部分的相关规定。

（2）环境与生理的空间需求

孵化空间载体在环境打造上，应注意考虑行为心理学与人体工程学，满足创业团队人员的心理以及生理需求，体现办公建筑空间的人性化。主要从以下几点出发：

便捷性：孵化器空间载体首先需要考虑外来人士尤其是首次进入办公区域的人员对于寻向和定位的需求，应该使办公空间的指向性和可识别性更强，便于人员快速找到目的地。同时各辅助功能区域的空间分配及落位应当同时满足多个空间的便捷使用需求，其中生活服务空间可以与各类公共社交空间相结合，形成室内餐饮、办公、商务交流、娱乐活动相结合的多功能厅，为公共社交行为预留更多的空间，使得社交行为更加便捷。

缓冲性：室外走向室内办公空间需要一个心理以及状态的过渡期，令使用者从散漫的休闲状态进入集中专注的工作状态，从门厅、走廊、电梯厅、办公空间逐步提升专注氛围，采用柔和过渡的方式，防止使用者突然进入封闭紧张的办公或生产空间中而引发不适的生理应激反应，如焦虑不安、呼吸紧促等分散精力的情况，以提高进入工作状态的速度。室外的强光线应当通过室外植物、雨檐、窗户、遮挡帘、走廊的布局设计来层层过滤强度，形成较温和的室外光区、缓和的漫射光区，保护使用人员的视觉与生理安全，为不同需求的人群提供对光的更多选择性，同时也可满足室内外温度的温和过渡，防止冷热快速交替产生的生理不适。

交互性：孵化器空间载体的设计应注意人与人之间的协作交流，弱化甚至消除公共区域和安全通道之间的界限，节约空间，并创造出富有个性和特色趣味的交往空间，让枯燥的办公生活更加丰富多彩。有利于提高使用者对办公空间的认同感和归属感，进而提高使用者对于工作的认同感和积极性，提高入孵企业的生产效率，使孵化器提供的公共服务价值更高。

生态性：科创产业园孵化器的室内空间设计应尽量引入自然元素，为员工提供接近自然、亲近自然的机会。尤其是在寸土寸金的商业地段，更需要

图 6-25　赏心悦目的
垂直绿化

在有限的空间上最大化体现自然生态，主要方式有化整为零、垂直绿化、微型绿植、微藻板块等。

其中化整为零是指将绿化打碎，利用较难利用的小块绿地或者边角用地进行绿化设计，将实际面积较小的绿化地打碎成心理感受面积更大的零散绿化地集群，使得使用者对于空间的绿化感受更强烈。

在强光处、招牌设置点设置垂直绿化，提高观赏性，也可以有效降低绿化对空间平面的占用。

在一些空间细节上预留槽空间或者管空间，供种植与安放微型绿植，取得装饰或增加空间生态元素的作用。微植法更强调使用者的参与，在使用者各自活动辖区内可以根据其喜好种植、摆放耐阴植物微盆景，增加交互性。

微藻作为一种新型的生产型绿化形式，是智能与生态相得益彰的产物。微藻不仅对于光照要求更低，形式上更加趣味灵活，并且微藻供能可为建筑节能带来可观效益。

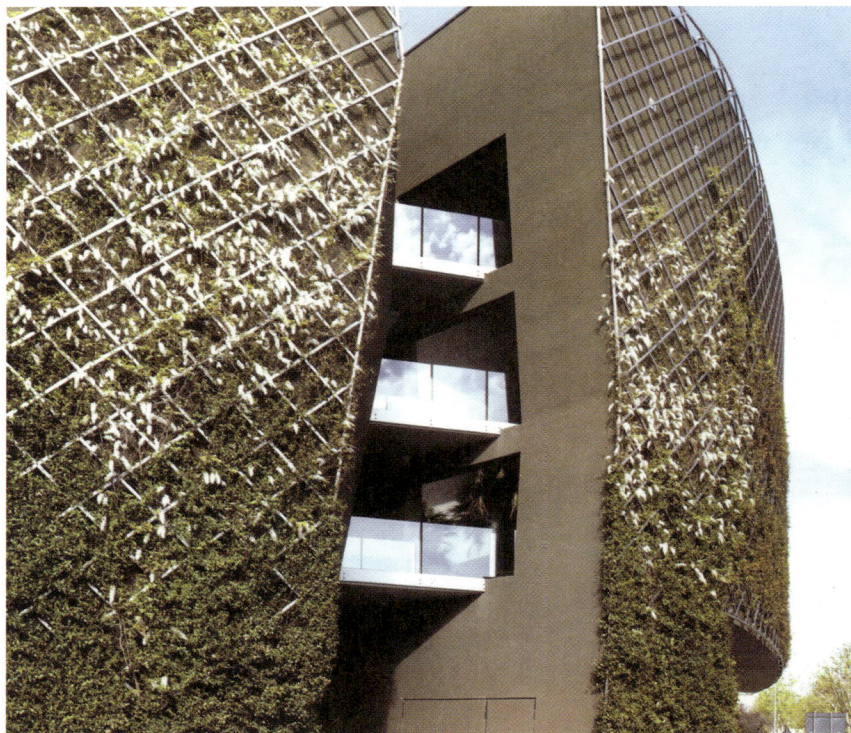

（3）新型信息基础设施的空间需求

"新基建"的提前布局、建设和应用，已成为一个企业甚至一个国家优化自身资源配置、减少能源资源浪费、提高竞争能力、增强发展后劲的关键。建立新型信息基础设施的关键在于如何将 5G 信息与物联网系统及新型孵化器空间载体进行有效融合。

5G 通信技术已经实现了从军用到商用，从机密到成熟开放的转变。新型孵化器空间载体只有配备了 5G 等新型信息基础设施才能更高效地发挥孵化作用。5G 通信技术重点在于基站信号的接收，高频短波信号如何解决信号耗损问题，以及配套设施空间如何预留与配置等。

物联网技术重点在于如何将物联网体系的无线传感网络的终端安插于建筑空间的关键节点，以收集重要的环境参数，让其隐藏在建筑之中保持美观并预留 BEMS 处理系统的操作空间，预留管理人员操作空间，让物联网平台更好地服务于孵化器内的所有人员。

（4）公共服务的空间需求

公共服务是体现孵化器价值的主要部分之一。孵化器空间载体的公共服务是集公共社交、联合办公、孵化服务等功能于一体的新型空间。合理打造孵化器空间载体公共服务功能应当从配套设施的完善、空间分配的均衡、交通流线的流畅、社交环境的美化等方面来实现。

配套设施的完善：应当从办公基础设备的配置、公共设施的配置、生活设施的配置等方面入手，小到饮水机、微波炉、打印机等办公室必备的基础设备，大到安防系统、消防系统、会员管理系统、多媒体展示系统、信息管理平台等都需要仔细考虑（如设备规格以及布点设置等）。

空间分配的均衡：应根据孵化器具体打造方向，平衡孵化服务、联合办公以及公共社交三个功能对于空间以及设施的占用比例。

交通流线的流畅：与公共空间预留的大小有关，但是在有限的空间内还需要从立面与细节上进行提升。如多层孵化器的楼梯位置以及造型设计应以公共空间的外延为出发点，在平面用地实现集约的前提下将楼梯的立面空间利用起来，实现美化、引导，甚至有条件地承载部分公共服务设施与生活设施，如梯式坐廊、梯间休闲吧等。

2．主要设计原则

前瞻性布局原则。采取先进的设计理念和前瞻性视野规划建设科创产业园孵化器，根据新一轮科技革命和未来产业发展新需求，围绕孵化器产业发展定位，布局超前一代的新型产业基础设施，营造硬件、软件适度超前的优质产业生态，以便在未来较长一段时期内适应产业发展需求。

基础设施集约化原则。坚持先地下后地上、地上地下相协调、平战结合与平灾结合并重，提高土地集约利用水平。集成应用海绵城市、综合管廊、智慧城市等新技术新理念，全方位打造科创产业园基础设施配套，构建多维、安全、高效、便捷、可持续发展的孵化器。

数字化原则。顺应智能化、网络化、平台化发展趋势，充分利用物联网和人工智能领域的先进技术，规划布局智能化配套设施和环境支持系统。支持数字化工作场所、智能建筑和智能区域的落实与实施，打造现代化新型智能化孵化器。

绿色生态原则。一方面，根据绿色建筑、绿色城市的建设要求，在整个建筑生命周期中践行绿色低碳发展理念，包括：做好建筑节地设计；充分运用自然采光和自然通风；尽量使用回收利用率较高、生产能耗低的建筑材料以及地方性材料；做好建筑节能设计；因地制宜利用太阳能、地热能、风能，提高清洁能源和可再生能源的利用；加大废旧混凝土等旧建筑材料的回收利用；节水及水循环再利用、垃圾分类收集与资源化利用等。另一方面，加强室外景观环境创造，室内景观设计，创造有利于研发、生产、生活的环境，打造人与自然和谐共生的优质环境。

舒适便捷原则。孵化器空间设计应贯彻创新创业人才高效工作、轻松生活的理念，平面布局应保持一定的节奏和韵律，在统一完整的主题下富于变化，科学合理利用空间分割、材料使用、灯光安排、色彩运用及家具选择，为提高工作效率创造更便捷、舒适的环境。

灵活可变原则。加强物理空间灵活性，增强共享设施与物理空间的融合建设，结合弹性的空间分隔方式，可随人员变动和工作需求而进行重组、改变。创新创业企业具有团队规模小、业务变化快的特点，但孵化器的物理空间是

图 6-27　灵活多变的绿化形式
图片来源：THEME,LANDSCAPE+ARCHITECTURE,VOL 3.P284，国际寓所中庭

相对不变的。因此，孵化器内部空间的弹性灵活设计，既是在孵企业客观需要，也是孵化器自身经营发展的需要。

　　安全经济性原则。孵化器空间设计在保证空间舒适性、安全性、便捷性的基础上，应在造型设计、材料选择、软装设计等方面综合考虑成本因素，保证空间结构、功能的安全，同时充分体现孵化器空间设计的先进性与独特性。

图 6-28　宜人的色彩组合

图 6-29　灵活多变的空间形式

图 6-30 充分利用楼道实现空间的灵活性

3.规划设计建议

孵化器作为科创产业园区重要组成部分，在规划设计方面应当顺应新型科创产业园区规划建设趋势，结合孵化培育产业空间设计需求，充分发挥它对科技产业发展的支撑引领作用，重点关注以下方面：

（1）突出功能空间预留与设计的前瞻性

在研发办公空间设计上，首先需要考虑建筑空间的灵活性和固定性之间的矛盾，根据入孵团队的规模大小以及实际需求，预留足够的办公空间，营造良好的办公环境。其次要解决创业团队工作环境私密性与团队交流共享性之间的矛盾。最后是协调各种功能融合与空间组合方式，确定哪一方功能为主导、哪一方功能需要特殊对待等问题；在辅助办公功能设计上，依不同专业孵化器的要求而有所不同，主要有中试、展示、会议、商务洽谈和多功能综合等；在公共服务功能上，包括满足使用者的基本生活需求以及公共交流娱乐需求。将交流功能分散到孵化器内部甚至外延空间，做到空间的复合有效利用。最后应注意各类配套设施的设置和选用，在各类零散角落、墙面空间、楼道空间灵活布置休憩空间，为使用者提供多变宜人的休憩条件；管理协助功能需要通过基础设施以及固定的办公场所来实现，并且中介机构、企业培训与其他功能均需要提供相关用房。

上述四类功能中，研发办公功能决定了辅助办公功能的具体结构和类型，而公共服务功能应当与管理协助功能互为补充，并且为研发办公功能做辅助。

（2）智能系统和平台设计

加强孵化企业全生命周期管理，运用信息化手段加强创业项目评估、引进、入园孵化管理、孵化评估、孵化服务、企业成长状态管理跟踪。加强园

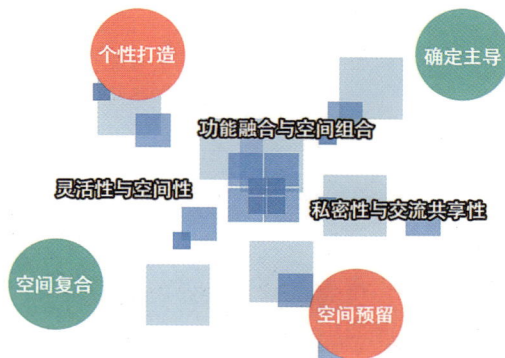

企互动与孵化服务管理。基于一体化的互联网服务门户，通过搭建园企互动平台、中小企业投融资服务平台、创新创业服务平台、科技政策服务平台、公共技术服务平台、产业特色服务平台、人力资源服务平台等，为园区内孵化企业提供各类专业服务，引入创业导师和服务资源，建立高效的园区交流渠道，提高园区活动参与度等。加强运营管理系统。通过设置管理层工作界面，将各条业务线的数据进行集中汇总，根据孵化器运营指标、绩效考核指标等进行再次加工，以直观图表的形式进行展现，显示各项工作的现状和发展趋势，如企业走访绩效、物业销控表、企业分布统计、企业成长曲线等，为管理层的科学决策提供依据。

（3）复合开发与多元混合设计

借鉴国际上先进科创园区孵化器规划设计案例，基于产业研发与科技孵化的支撑，延伸其他相关服务功能，规划提倡不同功能的复合开发，打造一种融办公、生产、中试、研发、仓储、居住、消费、娱乐等多种类型空间于一体的综合型服务空间。科创园区孵化器应该是一个更加微型的产业型社区：一方面，孵化器功能越来越丰富多元。对于青年创新创业者而言，工作生活一体化已经逐渐成为新的潮流，有些孵化器办公空间增加了能满足生活需求的空间与设备，增强了使用舒适度，可节约创业者时间、精力成本，营造创业聚集效应，提高创业成功率。另外，公共基础设施规划设计越来越多考虑便利性和共享度。共享的办公空间对破解产业空间不足和低效利用具有十分积极的意义，同时又能满足年轻的创新创业者个性化、交往型需求。基于产业研发与科技孵化的支撑，延伸其他相关服务功能，规划提倡不同功能的集中、复合开发，将彼此相互促进的功能安排在同一地块乃至同一建筑内，有利于集聚人气，打造整体创新创业氛围。

如目前较为流行的 SOHO 空间、LOFT 空间等。

图 6-32　LOFT 办公空间

（4）柔性灵活空间设计

柔性空间办公设计拥有多种新元素，空间可塑性自由度大，空间能够得到合理利用，办公室装修风格更加统一，装配式格间、活动隔断墙、移动门屏风、高架地板等目前在孵化器设计中已成为一种潮流。传统办公室更适用于业务稳定和人员变化小的大中型企业，预算有限的中小企业提供其所需的弹性和灵活性，而弹性空间对于拓展和调整阶段企业尤为重要。柔性办公空间能提高入住企业的灵活性、减少浪费。据英国供应协会和权威研究机构的研究，柔性办公室租赁模式可比传统租赁成本节省 25%，在中国可达到节省 35%。

（5）专业化、特色化服务

专业孵化器是指聚焦某个专业细分领域，为在孵对象提供精准孵化服务的载体。目前，我国企业孵化器的服务对象与服务手段都在不断朝专业化方向发展，部分综合孵化器也在往专业化方向转型，近年来专业孵化器发展迅速。据广东省统计，到 2018 年底，专业孵化器占全省孵化器比例超过 30%，专业孵化器已成为全省孵化器的重要组成部分。专业孵化器规划设计

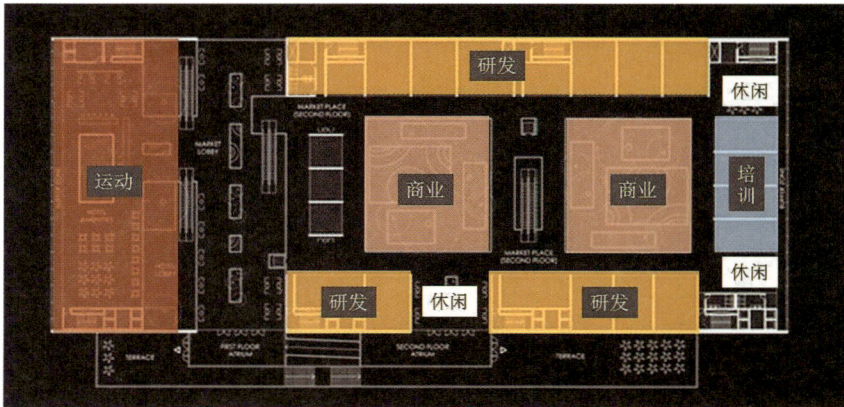

图 6-33　美国底特律创业中心功能混合化分析图
图片来源：陈颖. 众创时代下的科技企业孵化器建筑设计研究. 华工学位论文，2018.

图 6-34 空间、能耗
与材料的柔性灵活
图片来源：THEME，
LANDSCAPE+AR-
CHITECTURE,VOL
3.P371，Panoramic
Garden

图 6-35 实验办公等
功能之间进行灵活合理
的组合

必须根据专业和工艺特色，满足特定产业对研发环境、设备、测试流程、小试生产等方面的特定要求。

（6）场景化、链条化、多层次发展的需求

目前，科创孵化器主要聚焦在人工智能、机器人、无人驾驶、数字经济、生物医药、新能源、新材料等新兴产业。在孵化链中，新产品的应用和产业化是痛点。为了满足新技术新产品的现实检验需求，一些地方已经在尝试建设场景孵化器。通过搭建小型应用场景空间，围绕应用场景的特定现实需求，进行系统化技术研发和产品创造。在后 5G 时代未来城市建设中，在交通、

医疗、教育等应用场景，都将产生一系列的新技术应用需求。例如，中国电建华东勘测设计研究院和武汉光电工业技术研究院于 2021 年 5 月签署协议共建场景孵化器，将依托双方已建或在建项目，规划设计未来场景，将创新技术、产品与项目进行深度融合，培育一批具有技术壁垒和市场竞争力的优质企业。

为更好地引导创业孵化器从数量增长向质量提升方向过渡，形成更加专业化的孵化载体，各区域产业发展方向与当地技术、市场、产业等优势资源快速有效的融合也成为一种必然。由此形成从众创空间到产业园为一体的全孵化链条，并促进专业领域的孵化器集聚形成产业发展需要的创业孵化生态圈。从规划设计的角度而言，对建筑或建筑组群在功能流程、设置、分区及组织模式上提出了更高的要求。

图 6-36　全孵化链条示意图

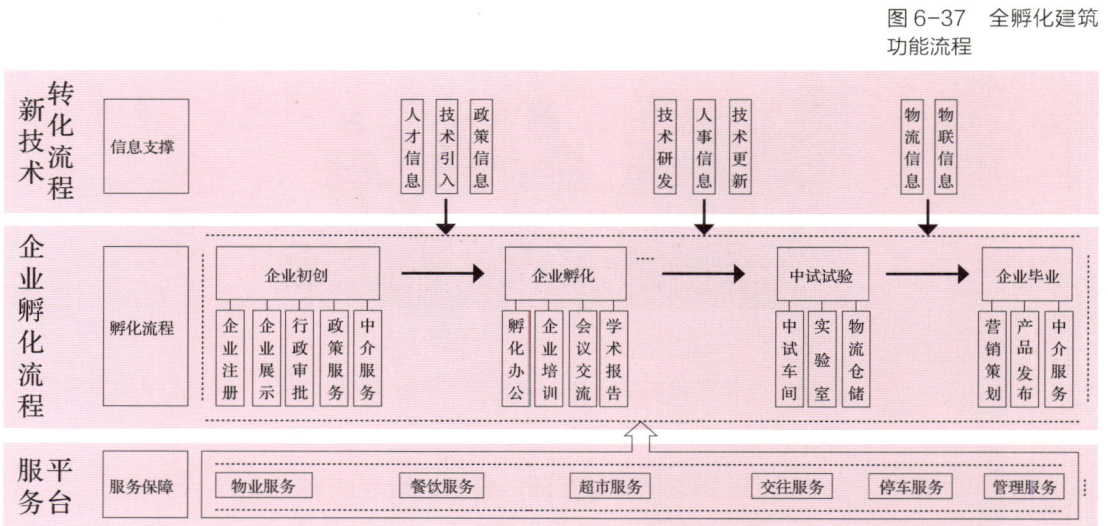

图 6-37　全孵化建筑功能流程

第七章
科创产业园孵化器的运营保障

结合科创产业园区孵化器运营特征、当前存在的主要瓶颈问题，借鉴国内外成功运营经验，从机制设计、管理、服务、政策等方面为孵化器的科学运作提供有针对性、可实施的建议。

一、科创产业园孵化器运营现状及特征

1．目标客户

客户构成。科创产业园区的技术属性、科技属性以及对于研发、孵化的侧重，使得其客户主要由初创企业、创业团队、创客、高校大学生、高校教师、海外留学生、企业技术骨干、企业市场骨干等构成。

客户来源。具体客户来源主要是高校、科研机构、创业大赛、政府相关部门推荐、孵化器直接接待的客户或通过拓展活动获得的客户等。

2．成本、收入结构

（1）成本结构

主要由两部分组成：

管理费用。包括工资薪酬、招商成本、办公费用、会务费、活动费用、培训费用、项目经费、拓展成本、资产折旧和摊销、税金等。

物业成本。包括物业人员工资薪酬福利、公共水电成本、设备维修及保养费、绿化管理费、清洁卫生费、物业资产折旧等。

（2）收入结构

租金类收入。包括房租和物业管理费，这是孵化器初级收入方式，也是我国大部分孵化机构的主要收入方式之一。作为孵化机构，因为在孵企业大多是初创型小企业，租金承受能力较低，因此孵化机构的租金收入也相对有限。但近年来政府为了促进中小企业的创新发展，促进创新创业，大多数孵

化机构在入孵政策上都会提供税收优惠、租金减免等优惠措施，导致依靠租金类收入较难实现盈利。

服务类收入。在租金类收入逐渐走低的趋势下，孵化机构开始把盈利重点转移至各类增值服务项目，特别是知识产权、政策申报、活动策划、品牌推广、人力资源、管理咨询等专业服务项目上。

3.政府补贴

政府补贴是孵化机构弥补经营亏损的重要方式。政府补贴模式分两种：一种是成本性补贴，一种是收益性补贴。

成本性补贴主要是指政府对孵化机构进行扶持，在一定期限内免征房产税、土地使用税、营业税和所得税等税收成本，通过税费优惠，降低孵化机构运营成本。收益性补贴则是通过政府奖励、税收分成等形式，与政府分享孵化机构内企业发展的成果。

此外，一些地方政府为促进孵化事业的发展，会在税收中留存一定比例作为孵化机构发展基金。如天津海泰孵化器，天津新技术产业园区管理会设立"火炬创业园孵化事业发展金"，每年按照孵化园区入驻企业纳税总额3%留存。

4.股权收益

股权收益就是孵化机构通过各种渠道方式分享入孵企业一定比例的股权，在企业毕业后，通过资本运作，出售所占有的股权实现增值收益。股权收益一般通过直接投资、租金占股、服务占股等形式实现。

直接投资。通过直接投资将孵化机构与在孵企业的利益加以连接，这种模式下，孵化机构相当于种子基金投资的工具。但同时所面对的风险也更高，除了孵化机构自身的运营风险之外，也与在孵企业的风险相联系，这就要求孵化企业具有较高的成长性，其潜在的收益能达到风险投资所要求的水平。

间接投资。除了直接投资之外，更多的孵化机构会以管理要素作为资本注入企业，或者以服务或租金换股等间接形式获得在孵企业股权。

5.典型经营模式

（1）社会公益型孵化器

公益型孵化器，是不以盈利为目的的孵化器，是政府推动科技产业化进程，振兴经济发展和创造就业机会的政策手段。一般而言，政府投资的孵化器都属于这种类型。在孵化器发展的初期，这种政府主导的孵化器大大推动了孵化器事业的发展，但随着各种基础设施建设的完善，应考虑吸引私人投资，从而引入激励机制，提高孵化器的效率。

（2）物业型孵化器

孵化器一般应具备四个基本特征：一是有孵化场地，二是有公共设施，三是能提供孵化服务，四是面向特定的服务对象——新创办的科技型中小企业。一些孵化器企业忽视了培育创业创新小企业的本职工作，没有在信息化浪潮中顺势转型，而是急于产生房租、税收等效益，这部分孵化器最终沦为"物业公司"。

（3）天使投资型孵化器

天使投资型孵化器是天使投资与科技企业孵化器的融合，其核心是在孵化企业进入孵化器的开始阶段就为其提供天使投资，并在此基础上为其设计一揽子的个性化成长服务，由孵化器管理人员和天使投资人（或机构管理者）共同实施，并以孵化企业的增值来获得投资收益并引导其他投资进入，从而促进孵化企业的快速成长，使孵化工作获得显著业绩。

孵化器成立自己的投资机构和基金，这不仅是孵化器自身发展的需要，也是创业企业发展的需要。在孵化器内部建立投资机构和基金，能够有效缓解在孵企业融资难的问题，增大孵化资源供给能力，加强孵化器与在孵企业间的联系与合作，推动企业创新，实现在孵企业与孵化器共赢。

（4）大学科技企业孵化器

大学主导的非营利性孵化器大多是从属于学校的、直接受其管理的下属机构组织，少部分是从属于学校出资成立的子公司或是单独成立的非营利机构，没有真正地实现与学校行政系统分离，而带有很明显的附属色彩和官方背景。

（5）大公司创业型孵化器

很多企业家、投资人为了支持创业、孵化优质的高科技及互联网项目，成立了私营孵化器。例如，李开复创办的创新工场、联想旗下的联想之星孵化基地等。此外，很多国外的孵化器机构也在积极进入中国市场。大公司创业型孵化器为有想法的年轻人提供了良好的创业平台，进入之后借助平台的资源，创始企业可以快速度过婴儿期，有机会获得投资发展壮大。

二、科创产业园孵化器运营存在的主要问题

1. 定位问题

定位问题的根源在于孵化器是偏公益类还是偏营利类。企业孵化器在

中国也称高新技术创业服务中心，它通过为新创办的科技型中小企业提供物理空间和基础设施，提供一系列的服务支持，进而降低创业者的创业风险和创业成本，提高创业成功率，促进科技成果转化，培养成功的企业和企业家。

在实际运营当中，很多孵化器的运营方出于短期的利益或成本控制的考虑，没有或没办法按照孵化器的自身内在规律办事，不能很清晰地把握孵化器的定位，要么忽视孵化器应用的功能造成投资长时间没有回报，要么过度考虑眼前运营收益而忽视孵化器本质的孵化培育功能而沦为"二房东"。很多政府类及国有单位类的孵化器都由政府投资建设，采取事业单位管理运营的模式。政府主办的孵化器，在具有社会公益性、政府优惠政策扶持等优势的同时，也普遍存在资源利用效率低、高端专业人才引进难、商业模式突破难（事业单位不能做风险投资、开展持股孵化）、可持续发展能力不强等问题。

2. 资源问题

从目前国内孵化器运营现状来看，凡是运营效果比较好的项目，基本是运营资源掌握及配置比较完善的孵化载体，譬如投融资机构资源、市场拓展资源、高端人才资源、供应链资源等。

目前在孵化器运营资源配置方面出现的问题主要有两大类。一是缺乏必要的资源，主要体现在经济发展相对滞后的区域，没办法集聚相关的孵化运营资源，入孵项目没办法获取相应专业运营资源的支持（如投资机构、营销推广机构等）；二是现存的运营资源不能够匹配入驻项目的实际需求，流于表面形式，有些即使有，也不能解决企业的实际需求，专业性不够强，资源不够广。

3. 运营问题

发展至今，虽然孵化器已是遍地开花，但普遍存在有其名无其实、运营惨淡等问题，究其原因主要有：一是缺乏专业运营团队，孵化器项目对于运营团队有较高综合性知识及专业的需求，不仅仅需要提供场地，而是需要产业、企业运营等方面有综合性专业能力的复合型人才；二是在孵项目需要的这类人才严重短缺，且以实际培养为主，存在培养周期；三是当地的创新创业氛围及资源集聚情况相对欠缺，这也是影响孵化器运营是否成功的重要因素。

三、国内外科技孵化器运营模式案例分析

1. 美国孵化器运营模式

孵化器最早出现在美国，英文名为 Business Incubator 或 Innovation Center。1956 年，美国人约瑟夫·曼库索创建了第一家企业孵化器——"贝特维亚工业中心"。之后，美国涌现出一批非常成功的孵化器，最典型的包括 YC 孵化器、TechStars、DreamIt Ventures、AngelPad、LaunchPad LA 等，孕育培养了一大批著名公司，成为世界各国争先学习的对象。

图 7-1　Y Combinator

（1）硅谷 YC 孵化器

2005 年，Y Combinator（简称 YC）由保罗·格雷厄姆（Paul Graham）在硅谷发起成立。YC 是编程术语，指创造函数的函数，意指 YC 是一家"创造公司"的公司，人员从 4 人扩张到 20 多人，服务从短期的暑期夏令营到完整的创业生态系统，先后投资了超过 1000 家创业公司，聚集了超过 2400 位创始人，所有项目的估值总和超过 650 亿美元。基于强大的创业辅导能力和不断出现的成功案例，YC 构建起强有力的品牌影响力，在"十大美国创业孵化器与加速器"排行中位居榜首。

1）运行模式

YC 通过面试，选拔创业团队参加训练营（每年两期），对入选团队投入种子基金，并在演示日帮助创业者与投资者建立联系，吸引融资。

第一，面试。参加面试的团队首先要向 YC 提供一份简单的申请表，而

图 7-2　YC 运 作 流 程示意图

不需要提供商业计划书。YC 选择标准为人，认为创业团队比项目本身更重要，因此 YC 服务的对象仅是有想法的创业者。YC 会对每个团队进行十分钟的面试并在他们中进行筛选，被选中的团队会获得种子基金并进入训练营。

第二，训练营。YC 每年都会向全球创业者提供两次入驻机会，分别为冬季和夏季学期，时长 3 个月，每次挑选 30 ~ 40 个团队进行批发式孵化，活动方式主要有"办公时间"和"晚餐"两种。

平时是"办公时间"。创业团队会与 YC 顾问团在办公时间进行沟通并向他们咨询相关问题。YC 有 20 多名专业的"合伙人"，分别在技术、产品、管理、法律、财务、公关、市场等各方面有所专长。另外，YC 会发动已经孵化成功的创始人作为兼职"合伙人"，为入驻初创团队提供各方面的指导建议。

每周二晚 YC 会举行晚餐会。YC 鼓励初创者将每次晚餐当作一个小型演示日，为大家展示他们一周的成果，这往往会对创业团队完成阶段性工作具有较好促进作用。在晚餐会上，成功的校友、投资人、创业者、律师、会计师、媒体人等有经验的前辈来做分享，因此初创团队成员会有很好的机会与他们交流并得到指导，甚至可以找到潜在的投资对象。通过晚餐活动，YC 搭建了创业者之间的桥梁，形成了一个巨大的"校友"网络，为创业者之间的交流和互相帮助提供了平台。

整个训练营大致分为两个阶段。第一阶段，主要是 YC 合伙人、培训师和创业团队进行交流，以帮助他们寻找最合适的发展方向并提供训练与建议。第二阶段，即为演示日接近时，创业团队会在内部展示他们的项目，锻炼自己的演说能力和演示策略，以期在未来打动投资者获得融资；办公时间的谈话主要也变成关于创业团队如何向投资者展示他们的项目；同时，YC 也会在这一阶段为创业团队制定最合适的融资策略。总体上，这一阶段训练营主要内容是帮助创业者规划创业方向，提供融资指导，并且在创业者之间促成巨大的"校友"网络。

第三，演示日。演示日是每个周期的高潮事件。YC 会邀请投资商参加演示日，创业团队则需要向投资人展示他们项目的作品。YC 通常会在演示日之后，通过和投资者对话，帮助初创公司了解他们的真实想法，并尽可能说服他们参与投资。通过举办演示日，YC 建立了一个有效的投资平台，搭建创业者和投资者之间的桥梁，增加了创业者获得融资的机会。

图 7-3 | 图 7-4

图 7-3 YC 晚餐会

图 7-4 YC 演示日

为期 3 个月的孵化器内，YC 的"合伙人"会在内部网络上贴出自己的空闲时间，以便需要单独指导的初创团队成员预约。同时，分散在世界各地的兼职"合伙人"也会利用出差等机会到 YC 办公室为创业团队提供不定期的指导服务。可以说，YC 采取的是一种相对松散的孵化模式，并没有像其他孵化器那样比较重视系统的创业课程，创业者不仅可以在孵化器接受辅导，也能够通过为期 3 个月的线上课程学习。为了不断提炼能够吸引投资人的关键点，YC 会在三个月内举行多场"演练"，比较重要的包括 prototype day（原型日）、angel day（天使日）、rehearsal day（排练日）、alumni demo day（校友展示日）以及类似于期末考试的 demo day（展示日）。YC 校友资源就像滚雪球一样，每个创业团队的成员都会成为这个网络中的节点，节点之间的相互联系，往往会产生意想不到的"火花"。

2）盈利模式

YC 主要关注最早期的创业团队，在创业团队的起步阶段介入并提供相应的帮助，通过向初创公司投入种子基金并提供训练营等服务，来换取初创企业的股份，在初创企业上市或被其他企业并购时退出获利。每个被 YC 选中并进入训练营的团队，可获得 11000 美元的种子基金，团队中的每个成员将另外获得 3000 美元的支持，而 YC 则依次获取初创公司 2%~10% 的股份（通常为 7%）。实际上，在 YC 资助的初创公司中，有一半以上是不需要钱的，YC 提供的基金也只是确保支付初创者的生活费用。YC 之所以能吸引初创公司，更重要的是能够帮助创业者规划创业方向，为他们提供进一步的融资指导，以及具有强大的"校友"网络和投资平台。

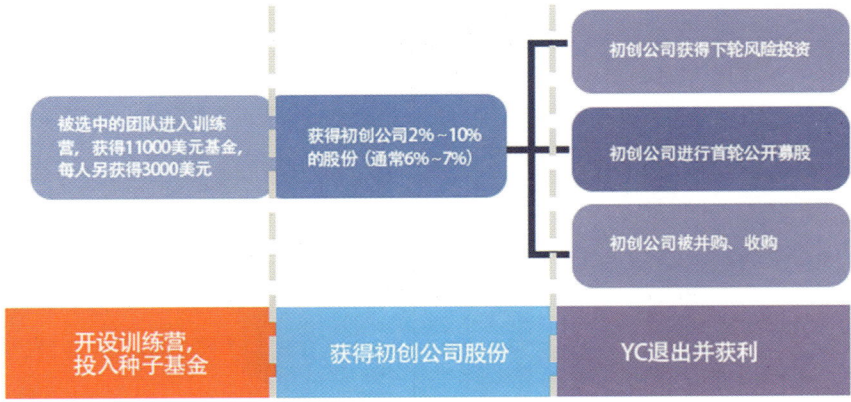

图 7-5　YC 盈利模式示意图

3）运营经验

YC 在"训练营"运作模式以及搭建投资平台方面的成功经验，被诸多孵化器学习和运用，这也是 YC 能成为创新型孵化器成功代表的重要原因之一。总结起来，YC 值得借鉴的成功经验主要包括以下几点：

第一，前期项目筛选经验丰富。YC 合伙人大多具有名校硕士或博士学位，具有丰富的创业和管理经验，在项目筛选中更加看重团队而非其他因素。YC 的进入门槛很高，得到面试机会一般不足 10%，入选率不到 5%，这在很大程度上保证了在孵企业的质量，为最后企业的上市或者收购奠定了坚实的基础。从另一方面来看，在孵企业质量的保证也给了投资者极大的信心。两者相互信赖，形成良性循环。

第二，通过"训练营"为初创企业提供全方位辅导，培育创业理念。YC 顾问团队在"训练营"期间与创业团队进行充分交流，凭借其丰富的经验及专业知识，为初创企业提供方向性的指导，展开有针对性的培训，帮助项目成功商业化。YC 还会指导并组织创业者练习如何包装、营销自己的项目以便在演示日更好地展示；在如何与投资商和大公司进行商业谈判方面给予建议和指导，并且帮助创业者制定融资策略。

第三，建立天使投资网络，为创业项目搭建发达的融资渠道。首先，YC 直接设立种子基金，或由风险投资商和天使投资人另外设立基金交由 YC 管理，为初创项目提供启动资金，帮助项目度过起步期。其次，通过演示日等方式搭建初创公司和投资商之间的桥梁，构建投资网络，为天使投资人和风险投资商及时进入项目早期阶段，获得丰富、优质的项目资源提供平台。

第四，注重对原始创新的长期投资。YC 拓展资助的创业项目类型，尤其是关注"硬科技"，拥有核心技术的初创公司（团队），成立"YC 奖学金"对每一个入选的初创团队提供 12000 美元的资金和创业指导。YC 还成立非营利性的 YC 实验室，其使命为支持更多"原始创新，为造福世界而生"。实验室会支持那些需要长期探索、一些不被任何公司独占的开源性技术。任何在 YC 实验室产出的 IP 都会开放于公众，而且实验室的研究人员可以自由选择其他学术机构的合作伙伴。YC 实验室的研究人员全职工作，且不需要太在意发表一些低影响力的文章或者忙于参加一些不必要的会议，而是集中力量研究他们关注的课题，他们甚至可以花 25 年时间来持续一个研究项目。YC 实验室还和一些著名的科技创业家及风险投资，包括大名鼎鼎的 Elon Musk、Pete Thiel 等，创办名为"Openal"的非营利人工智能研究公司。公司的联合主席由 Altman 和 Musk 担任，同时聘请世界著名的机器学习研究者 Iiya Sutskever 担任研发总监，不少人工智能的"大牛"加入其麾下。

（2）TechStars

TechStars 成立于 2006 年，是一家由 David Cohen、David Brown、Brad Feld 和 Jared Polis 四位创始人联合发起成立的种子基金孵化器，目前在博尔德、波士顿、西雅图、圣安东尼奥和纽约设有五个孵化地点。TechStars 作为美国著名加速器，其主要优势有以下三点：一是领先的导师制文化；二是"开放、开源式"的孵化器发展理念；三是成为"孵化器的孵化器"的发展战略。

1）运行机制

入孵企业选择机制。在选择入孵企业阶段，TechStars 十分谨慎。每年在全美的 4000 份申请当中，只选择 1% 左右的企业。TechStars 的每个分部每期训练营会培训 10 个左右的创业团队。

培育和孵化机制。TechStars 的孵化期为三个月，每批孵化约 10 支团队，向每名团队成员资助 6000 ~ 18000 美元。TechStars 专注具有跨国吸引力的科技公司，并且要求拥有受资助公司 6% 的股权。每期项目结束后都会面向

图 7-6　TechStars 运行机制示意图

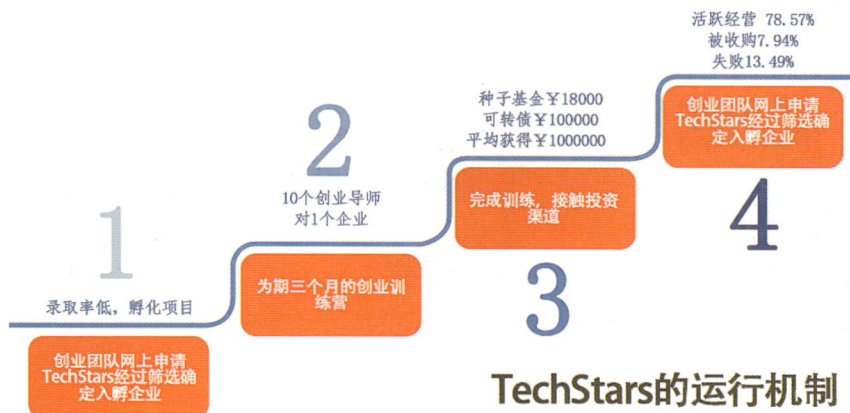

风险资本家和其他投资者举办一次宣传会。TechStars 将自己描述为"导师制驱动"，要求每个参与项目的导师专注于一家公司，最多可以将精力放在两家公司。这种模式通常的结果是，在为期 3 个月的项目结束后，每家创业公司还有 4 到 6 位导师与其保持紧密合作。一部分导师是为公司提供种子基金的投资家，这些导师都是具有企业家精神的创业成功人士，能够深入指导初创企业；另一类导师来自"老钱"家族，他们的家族在传统事业上积累了巨额财富，愿意开创互联网时代的新事业，他们本身掌握了有价值的信息和人际网络，可以帮助初创企业克服一些难题。这就是 TechStars 的核心竞争力——多名顶尖导师分别与每家创业公司结成伙伴，然后助他们一臂之力，让他们做到最好。

毕业退出机制。TechStars 采用面对面的孵化方式。对于已经毕业的企业，TechStars 将一直持有它们的股份直到最终退出。而 TechStars 的导师制文化使企业在物理性退出之后仍然能保持和孵化器的联系，导师将持续对企业加以关注和帮助，而毕业企业的创始人也通常很愿意在成功之后以导师、投资人的身份回到 TechStars。

循环再发展机制。TechStars 相信，可持续、循环的导师制文化是成功创业群体的秘密武器。导师和创业团队已经形成完整的循环。早期参与 TechStars 创业训练营的公司创始人现在已经成为导师，为那些正在参与项目的创业者提供指导。有些参加过 TechStars 项目的创业者，已经开始创办他们的第二家公司。

图 7-7 TechStars

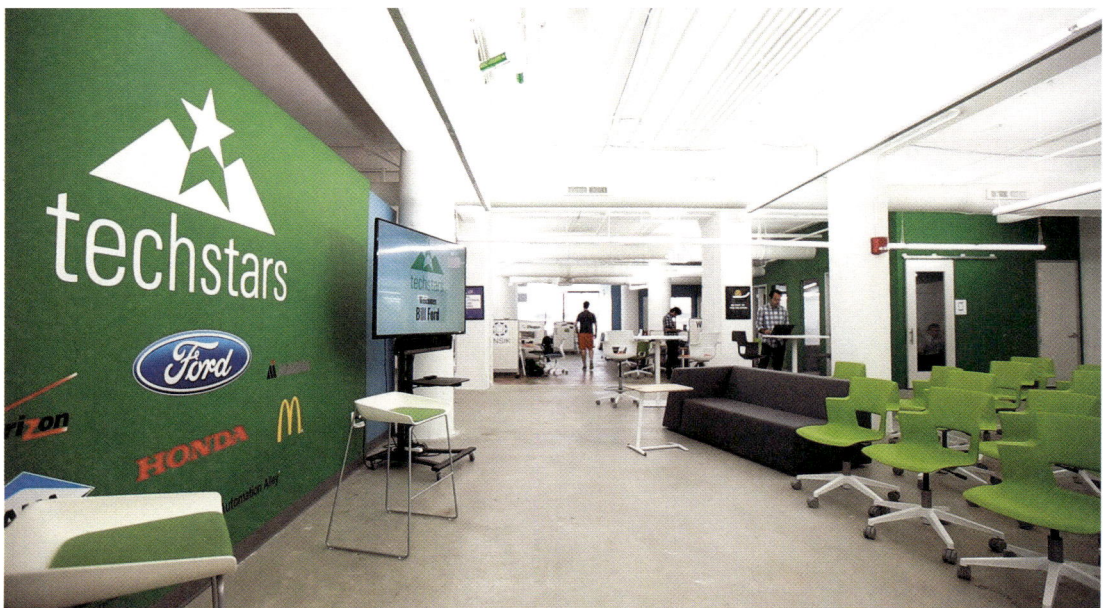

2）运营特色

TechStars 强调孵化器之间的透明性，公布 TechStars 所孵化公司的名单，涉及它们的融资额和员工数等信息，鼓励其他孵化器也这么做，使得创业家能够查看数据，根据哪些公司成功融资、具体融资额及融资成功率等情况做出明智的决定。TechStars 孵化器与项目之间存在着更紧密的联系。进驻 YC 的创业团队必须自行在硅谷寻找办公地点，而 TechStars 则为创业团队提供一个共享的空间，团队可以和导师面对面工作；YC 的创业导师每周会提供一定时长的"开放时间"，供创业团队预约交流；而在 TechStars，创业团队进入孵化器的第一个月，创业导师会时刻与创业团队泡在一起，创业团队也需要经常向导师汇报项目进展情况。TechStars 的工作人员和导师会对孵化项目倾注更多时间与精力。TechStars 展示日的规模远比 YC 小：TechStars 一般仅有 10 ～ 12 家企业参加路演，而后者则可多达 40 余家。

（3）DreamIt Ventures

图 7-8　DreamIt Ventures

DreamIt Ventures 成立于 2007 年，是一家风险投资和种子加速器公司，该风险投资公司总部位于宾夕法尼亚州费城，在美国经营四个种子加速器：费城、纽约、巴尔的摩和奥斯汀，另外还有特拉维夫的国际加速器。自 2008 年以来，已有近 300 家创业公司参与了 Dream It 计划，并获得了 DreamIt Ventures 基金的投资，这些公司已经以超过 10 亿美元的综合估值，筹集了 2.75 亿美元。

DreamIt Ventures 给每个成功申请进入孵化项目的创业团队投入 0.5 ～ 2.5 万美元的种子资金，供应办公空间、定期生活补贴，还提供指导以及公关、法律、会计和行政支持，并安排向投资者展示的机会。DreamIt Ventures 为创业企业提供的服务价值主要体现在三点：一是导师制。DreamIt Ventures 为每个初创企业配备了一名专属导师，提供全程的指导。这些导师既拥有成功的创业经历，同时又是相关技术领域内的专家，在整个孵化过程中发挥了至关重要的作用。二是集群效应。DreamIt Ventures 为初创企业提供了共享的工作空间，营造了浓厚的创业氛围，激发出创业团队的热情与潜力，不同的创业团队之间既在进度上相互竞争，又相互交流、激励，有时还会进行合作。三是全面的加速服务。DreamIt Ventures 不仅为创业团队提供种子基金和导师，同时还提供了法律、财务方面的支持，邀请成功的创业人士分享自己的经验，并通过系列演讲、展示日等多种方式为初创企业打通融资的渠道，所有这些元素共同作用构成了 DreamIt Ventures 能够助推企业成长的强大动力。

DreamIt Ventures 作为能够跻身美国前三甲的孵化器，其成功得益于自身的两大特色。一是 DreamIt Ventures 专注于初创企业的最早期阶段。与大多数的风险投资不同，DreamIt Ventures 甚至不要求初创企业提供商业计划书，而是在创业最早期的创意阶段介入，通过一整套的孵化服务，在三个月的时间里使得初创企业初步成型，这与 DreamIt Ventures "帮助有好想法的人创建伟大的公司"的宗旨是十分吻合的。二是 DreamIt Ventures 创造性地引入了以个人身份进行申请的创业者，这些申请者或者在网络技术方面有一技之长，或者在公司管理上有独到的经验，DreamIt Ventures 结合各个创业团队的需要，将这些专业人才合理地配备到各个团队之中发挥作用。这既为初创企业提供了亟需的专门人才，同时也大大缓解了 DreamIt Ventures 自己招募技术人才的压力，将孵化器可能面临的人才方面的限制转化为自身的一大优势。

（4）美国硅谷高科技园区

美国硅谷高科技园区是全球最重要的高科技产业园区。自 20 世纪 50 年代崛起以来，硅谷逐渐形成了半导体、软件、生物医药和系统科技四大产业集群，孕育了一批诸如苹果、惠普、英特尔、甲骨文等的优秀企业，成为美国乃至世界经济发展的重要引擎。

硅谷拥有典型的创业模式：由各科研团队在科学、技术上寻求突破，随后在风险投资的支持下进行市场探索，或直接将科研成果出售给风险投资机构，寻找应用场景，最终找准方向实现产业化，同时政府通过政府采购等市

图 7-9　美国硅谷高科技园

1 美国风险投资协会（NVCA）的数据显示，2015 年硅谷地区风险投资达278.9亿美元，占全美风险投资额的46.60%。

场手段充分支持创新企业的早期发展。在该模式中，优质的市场氛围和良好的政府参与机制起着至关重要的作用。

硅谷是全球风险投资最活跃的地区之一[1]，风险投资在推动科研成果转化方面也发挥了重要作用。高技术初创企业存在"高投入，高风险"的特征，在对初创企业失败的容忍度较高的文化氛围下，硅谷大批天使投资、风险投资机构为初创企业及时输血。此外，风险投资人还扮演着"创业导师"的角色，为企业发展提供诸多独到的管理、市场运营等方面的建议。他们在公司技术方向、市场需求把控等方面的特长，是传统投资人所不具备的。在高校、企业、风险投资多方的良好互动之下，硅谷模式成功缔造了大批优秀企业。

美国政府通过政府采购等市场手段极大地支持了硅谷创新公司的早期发展。政府主要通过订单方式，向硅谷公司进行采购，如 1959 年，仙童半导体获得价值 1500 万美元的政府订单，为"民兵"导弹提供晶体管；1963 年又获得为"阿波罗"宇宙飞船提供集成电路的合同。据统计，1955 年至 1963 年期间，硅谷半导体产业 35% ～ 40% 的营业额来自政府采购，美国政府的大量投资和消费，极大地提高了硅谷的创新频率。

（5）美国孵化器运营经验借鉴
1）建立导师 (Mentor) 机制

初创团队在初期会得到优秀导师的指导，并且得到导师的相关人脉资源的支持，对产品、市场、后续融资均会有显著帮助。所以大部分孵化器网站上总会很自豪把自己名下的导师资源一一罗列出。除了挂名之外，这些导师都担任着和孵化器亲密接触的任务。

洛杉矶目前最活跃的孵化器之一 LA Amplify，每周都会举行一个导师分享会，请在业内有名望的企业家、投资人来分享经验，并对其孵化的公司进行指导。分享会通常也会开放一定名额给外面的创业者，这也逐渐成为孵化器吸引项目、建立口碑的手段。

LA Amplify 附近的另一家孵化器 Launchpad LA(全美排名前 5 的孵化器)，更是设立了导师的下午茶时间，以帮助创业团队和导师建立更紧密的联系。导师机制对于创业者来说的价值显而易见，对于导师来说，也有不少好处：一些导师本来就是投资人，作为导师就可以更容易和创业者建立合作，抓住投资机会；有些导师的资源会对初创公司起到很实质的帮助，就可能获得一定的股份。国内园区应该充分利用自己的资源，由有经验的企业家、投资人组成导师团队。比如像欧美金融城，由于地处杭州，就很容易邀请到阿里巴巴的高管们来指导其孵化的创业公司。

2）结合优势产业

除了很多涉足众多领域没有限制的孵化器外，更多专业性的孵化器越来越受到创业者的青睐。比如 1996 年在洛杉矶成立的 Idealab，就是一个结合地缘产业优势非常好的例子。它们孵化的项目基本集中在三个方面：软件、机器人技术和清洁能源技术。因为毗邻加州理工、美国宇航局喷气推进实验室 (JPL)，具有优良的地缘人才优势，这家孵化器在过去将近 20 年孵化了120 多个项目，其中超过 40 个被大公司收购或者上市，有着相对很高的孵化成功比例。

它们也在拓展设计类项目的孵化业务，主要是依托美国设计艺术中心学院这所全球最好的设计院校的支持。在美国，创业者们在挑选孵化器时，非常注重其专注的领域。如果一个孵化器关注的产业太广，往往会被认为不够专业。所以，国内的一些创业园区，应当因地制宜与本地的优势产业结合，为园区树立自己独特的品牌。

3）建立校友机制

在美国，强大的校友网络不仅体现在各个高校，类似的机制也被众多孵化器所发扬。比如进入 YC 的团队，都会被贴上 YC 校友的标签。这样不仅年轻的团队会与 YC 之前成功孵化的企业有亲密接触，得到与它们合作的机会；同时在同一批孵化企业之间，也能够相互借鉴学习到很多东西。比如为企业用户定制的软件公司，就可以直接在以前成功孵化的企业与周围的初创企业做推广，这样对产品的推广和发展都有着巨大的推进作用。同时，这种互相协作的关系，使很多企业之间达成了良好互补。校友机制需要一定的时间积累。对于新兴的园区，可以通过和其他机构合作，来建设类似校友的网络，以共享资源，最大程度地帮助创业公司。

4）与风险投资的合作

除了把项目筛选进来，帮助它们快速成长，孵化器同时非常重视的一大问题就是：如何帮孵化的初创公司得到后续融资。

在美国，初创企业发展的整个投资环境已经相对成熟，风险投资机构与孵化器的合作非常密切。除了风险投资的合伙人在孵化器中担任导师外，很多风险投资也参与了孵化器的早期种子基金的建立，之后会参与企业的进一步融资。尤其是好的项目，风险投资都希望能一直保持联系和合作。而孵化器也正是看中了这一点，为很多风险投资机构推荐项目，让自己孵化的企业走出去之后有更好的发展。比如洛杉矶的 LA Amplify 就与 Accel Partner、BCCapital 等合作紧密，而洛杉矶另一家有名的孵化器 Mucker Lab 则与KPCB 等风险投资合作密切。

5）地方经济组织和科研机构建立了紧密型合作

美国科技型孵化器主要服务于地方产业组织，在政府部门的牵头下，与地区产业经济龙头企业和领军企业建立紧密合作，产生协同效应。同时，科技孵化器又依托于所在地区科研机构的研究特长，然后结合区域产业的发展投入专项经费，扶持科研机构的课题立项。

6）与大企业合作

除了和投资机构关系密切外，孵化机构和大公司的合作关系也相当关键。原因之一是众多大公司设立了自己的创投基金，用于扶持初创企业；另一原因是大公司往往是初创企业最好的客户。比如硅谷著名孵化器 Plug & Play，就同 Google、Facebook、百度、华为等大企业保持紧密的合作。它们会定期举办与大公司对接的活动，让初创企业与大公司的技术人员和创投人员进行交流，甚至初创公司直接为大公司提供服务。对大公司来说，与初创企业合作节省了直接组建团队的成本，而对初创企业而言，不仅得到了良好的资金支持，也有了优质的客户，为产品的研发和提升提供了重要的助力。

7）科学的人才管理机制

大部分孵化器的创始人，都是有着丰富创业经验的。YC 的创始人 Paul Graham，Idealab 的创始人 Bill Gross，LA Amplify 的创始人 Paul Bricault，TechStars 的创始人 Mark Suster 等，都是成功的连续创业者。他们熟悉创业的整个环节，从融资、咨询、媒体公关等各个角度都对初创企业的需要和发展有着深刻的认识，他们也懂得如何建立一个好的管理团队，来为初创企业服务。对于国内的园区，如果能在管理团队中多纳入一些有较丰富的创业、投资经验的人，对整个园区的运作将有重大意义。

2. 以色列孵化器运营模式

以色列被普遍认为拥有世界上最先进的孵化器。政府在创业企业早期的"死亡谷"坚定扶持，承担最大的风险却不共享收益，这是以色列创新中最不可或缺的要义之一。它使得高科技孵化器和风险投资本身成了以色列两大支柱性产业，帮助其他产业获得更大的发展，使得 800 万人口的小国在纳斯达克的上市企业数量仅次于美国。以色列孵化器运营模式借鉴主要包括以下几个方面：

（1）程序严谨的项目评估与筛选

孵化器从创业者资信、市场潜力和技术实力三个方面对项目进行评估：首先，要求创业者具备一定资信水准，孵化器经理负责查询与核实发明者和创业者的业绩与诚信背景。其次，要求项目有广阔的市场，孵化器从项目的商业模式是否具有逻辑性、市场是否具有可实现性等方面进行考察。最后，

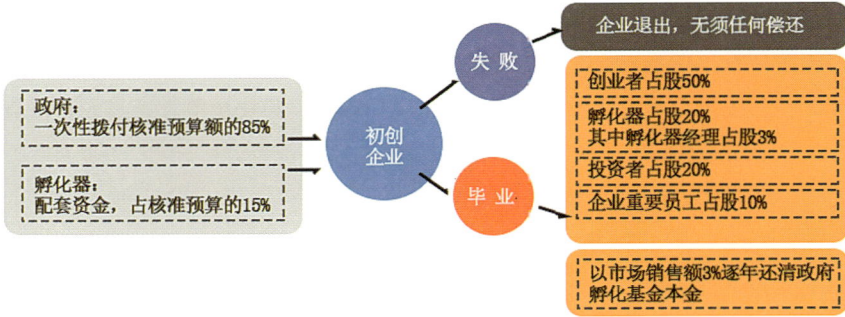

图 7-10 创业项目入驻孵化器筛选流程示意图

要求项目技术具有创新性和独特性。项目的筛选要经过三个阶段：第一个阶段是预选，孵化器经理与创业者合作准备基本文档，咨询同行专家有关技术、市场和营销的意见，与投资者进行初步讨论，以及进行专利调查；第二阶段是评审，由孵化器项目评审委员会对预选项目进行评审，评审委员会成员包括产业界代表和专业投资者；第三阶段是首席科学家办公室指导委员会与孵化器经理共同讨论决定孵化项目。虽然政府对孵化项目没有数量控制，但孵化器对项目的评估和筛选从严把关，宁缺毋滥，经过层层评审，以色列孵化器的项目申请通过率一般只有 3%。

（2）政府兜底的利益分配机制

以色列政府为入驻孵化器的项目提供启动资金，并形成一套有效的机制以保证风险共担。通过筛选获得入驻资格的创业项目无须自备资金，入驻后政府即根据项目两年（生物医药为三年）的核准预算为企业拨款（其运营成本的 85%，剩余的 15% 由孵化器通过引进风险投资等方式进行配套）。孵化器在企业孵化期结束时对企业进行综合判断，若企业孵化失败，创业企业无须对所获得的支持进行任何赔偿；若企业孵化成功，具备了在市场上生存的能力，则按照规定的分配方案进行股权分配，创业者、孵化器和投资者分别占股 50%、20% 和 20%，剩余的 10% 股份由企业重要员工持有。同时，政府投入的孵化基金将由企业按照市场销售额的 3% 逐年返还。

图 7-11 利益分配示意图

（3）动态的退出机制

以色列孵化器对入驻的企业有严格的时间限制，从创业项目注册公司进入孵化器之日起，企业仅有两年的时间进行产品开发与运营。两年以后，孵化器会从技术进步、市场拓展、知识产权、经营管理等多个方面对企业的自主生存能力进行判定，如果企业能够吸引外部资金，离开孵化器后可以生存，则说明该企业孵化成功，成为新兴公司，否则由政府宣布企业孵化失败。但是，对于生物技术等具有明显长周期特点的项目，孵化时间被适当延长至三年。从被孵企业角度来看，明确的时间限制带来的紧迫感会进一步提升企业创新创业的动力与激情；从孵化器角度来看，优者胜劣者汰的法则提高了孵化器资源的利用效率和孵化效率，实现了孵化器内部的"血液循环"与动态发展。

（4）明确的盈利机制

以色列的孵化器建设由首席科学家办公室决定，但是在运营过程中有一套完整的盈利模式。孵化器的收入来源包括三部分：政府拨款 20%，孵化企业股权收入 50%，以及服务性收入 30%。其中，政府拨款为政府每年定期给予孵化器的资助，约为 20 万美元，以维持孵化器日常运转的直接或间接供给；孵化企业股权收入是孵化器盈利收入的重要组成部分，在企业入驻之时即签订合同，规定"若企业孵化成功，则由孵化器占有 20% 的股权，包括孵化器经理的 3% 和孵化器的 17%"。明确的盈利机制设计，保障了以色列孵化器生存的基础，并形成了一定的盈利空间，同时企业股权营收也进一步激励了孵化器孵化服务工作的改善。

图 7-12　以色列孵化器收入来源及股权分配机制

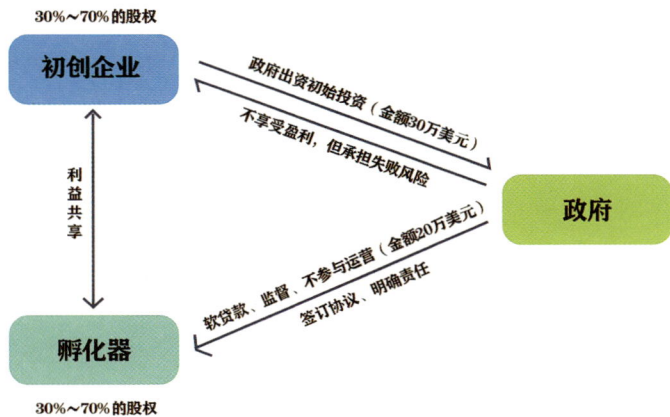

（5）政府、孵化器与被孵企业之间的高效协同机制

政府、孵化器和被孵企业之间的协同是以色列孵化器取得成功的又一重要因素。三者关系分明，孵化器是联系三者的重要纽带。

从政府与孵化器的关系来看，虽然政府在孵化器建设与运营过程中投入很多，但是在孵化器的管理与运营方面较少插手，只是每年定期接受孵化器基于自身及其孵化项目运营情况提交的报告。从政府与创业企业的关系来看，二者联系微弱，关系相对简单。政府通过孵化器为创业企业提供了其孵化期间核算成本的85%，但是不参与这些资金的直接管理，企业经过孵化期以后，若成功，则逐年返还政府的孵化基金，若失败，则资金一笔勾销。由此可见，虽然孵化创业企业涉及多方服务，政府、孵化器和创业企业等关系主体之间有多种联系，但是三者有明确的分工，形成了高效的协同机制。

从孵化器与创业企业的关系来看，孵化器为入驻企业提供全面的专业化服务，同时孵化器也在一定程度上拥有对创业企业的管理权限。一方面，孵化器具备对创业企业的部分管理权限，比如孵化器经理在一定程度上参与决定入驻企业的选择，并对政府投给创业企业的资金具有完全的管理权；另一方面，孵化器具有为创业企业服务的责任，孵化器需要为创业企业提供除产品研发与运营之外的各方面服务。以色列现有24个技术孵化器，每个孵化器内设立管理中心，由专门的管理经理帮助创业者制定研发计划和评估市场可行性，提供专业化的会计、管理咨询、审计、法律服务，帮助吸引风险投资和进行市场化运作。为确保孵化服务有效和过程可控，每个孵化器内同时在孵企业一般不超过15家。孵化器的专业管理服务水平与孵化项目成功率有直接关系。

因此，以色列发展孵化器的特色模式是通过明确创业者、政府和孵化器运营服务三方的定位，最大程度发挥政府和孵化器对高科技产业和具体项目的扶持作用。一方面，政府重点加强对孵化器的资金支持和管理引导；另一方面鼓励科技孵化器加大市场化运作力度，不断提高专业管理服务水平。通过政府与孵化器、孵化器和创业者之间的两两合作，为科技创新项目在技术开发风险最大的阶段提供全方位保障。

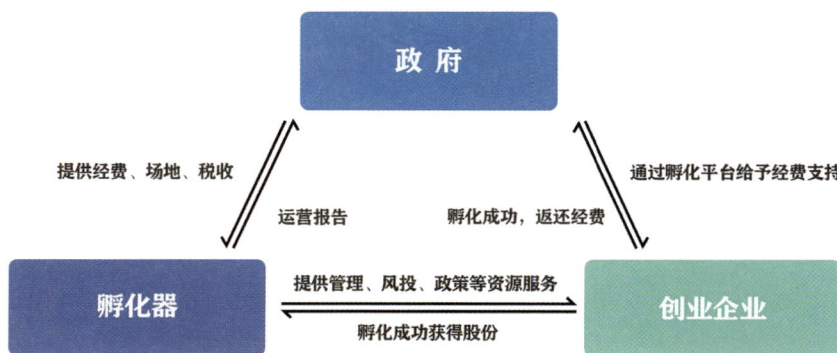

图 7-13 政府、孵化器与被孵企业之间的协同

3.德国孵化器运营模式

从 20 世纪 80 年代末，德国大学就开始利用孵化器来培育企业，并将其作为促进研究成果产业化的重要手段。德国的孵化器起步时间虽然较晚，但发展很快，从最开始的促进产业调整，到培育创新和创造就业，再到现在成为技术转化的助推器，其功能不断强化且与社会需要紧密联系。

（1）孵化器成功经验

目前，德国是欧洲孵化器最多的国家，其成功运营经验主要包括以下几点：

一是实行多元投入的孵化器运行模式。德国企业孵化器发展大多依靠社会力量，企业、高校、房地产商和社会团体积极参与孵化器的投资发展，主要采用股份制的经营模式，以资金、房租或服务收入、管理要素等作为资本向入孵企业参股，共同参与孵化器企业的经营管理，并积极吸引外国企业或外地企业进驻企业孵化器。孵化器为它们提供全套的服务，从培训企业创意到提供种子和风险资金。孵化器极大地提高了初创企业的成活率和向成功企业迈进的几率。这样，就形成了"孵化器 + 天使投资 + 创业企业"利益一致的持股孵化模式。正是这种建立在利益一致基础上的模式，吸引了许多跨国企业投资。

二是实施孵化器海外市场和国际化扩展战略。德国的孵化器已经不满足于在国内发展，于是把眼光放到了海外。例如，德国电信公司早已将孵化器项目延伸到东欧，比如波兰，以期发掘当地的商机和吸收新鲜的创业理念。2012 年，德国电信在柏林设立了聚焦移动互联网产业的专业孵化器"hub：raum"，专攻移动互联网。该孵化基地计划每年面向波兰等东欧国家引入10 家到 15 家企业，并设立种子资金，每家给予最多 30 万欧元作为启动资金进行资助。德国电信的首个海外分支机构通过 hub：raum 在波兰第二大

图 7-14　Hub:raum

城市克拉科夫落地，借此抓住中东欧移动互联市场即将涌现的创业理念并抢占商机，通过孵化器为目标初创企业提供资助和服务，包括资金、导师、办公场地等，相应地，受资助企业的服务将回馈德国电信的各类业务，如移动业务。这是德国孵化器为本地产业国际化发展所打下的坚实基础。

三是发挥中介服务机构的作用。德国中小企业技术中介服务机构承担着连接政府和企业的桥梁作用，它行使政府下放的经济补贴政策的资金分配权力，通过工商会和联合会（行业协会）、德国联邦科技园和孵化器联合会等中介组织实现对中小企业的支持。德国孵化器与一些中介服务机构建立了非常紧密的联系。其中弗朗霍夫协会是当中最有影响力的民办、公助的非营利机构。它通过竞争取得政府的科研项目经费，整合全国的相关科研力量，并将许多大学联系在一起，打造了德国科研界强有力的联盟。其服务孵化器的方式也比较有特色，主要方式是根据企业特别是在孵的科技型中小企业的需求，签订相关的研究合同，向企业收取发展技术所需的科研业务费或专利转让费，解决企业遇到的具体技术问题，促进企业研究成果的转化和应用。同时，协会的"投资小组"还从市场研究、预测、公司业务计划的制订等方面给企业提供帮助，还以入股方式给予企业一部分启动经费，降低在孵企业刚开始运作时的压力和风险。

除了弗朗霍夫协会，还有德国联邦科技园和孵化器联合会（ADT），它主要通过加强国内外园区之间的交流促进孵化器的发展。联合会的主要任务有：第一，以孵化科技型中小企业为核心，加快科技成果转化，促进经济发展；第二，协同产业部门，营造良好的外部创新创业氛围；第三，探索具有专业性和科学性的先进的企业孵化模式，提高孵化成活率；第四，在各联邦州的经济部联合协调下，通过质量检测体系跟踪、检验各高科技园区的成果转化效率以及对新的产业环境的适应性；第五，优化各地经济部门、协会信息资源配置，广纳各方建议，共同完善科技孵化工作。正是在这些中介机构的引导和服务下，德国孵化器得到了蓬勃的发展。

（2）主要案例：Unternehmer TUM

德国 Unternehmer TUM 是欧洲最大的创新企业孵化器，成立于 2002 年，是宝马基金会和慕尼黑工业大学共建项目，旨在为初创企业提供从想法至上市的一站式服务，自成立以来孵化了 Flixbus 长途汽车公司、KONUX 公司（制造探测系统）等知名企业。目前该孵化器拥有员工 170 人，这些员工掌握了整个创业进程的基本常识，70% 有初创经历或在企业工作过。该孵化器主要孵化领域为电子信息和智慧城市，致力于为学生提供创造机会，并与大公司保持紧密合作，保证项目成熟壮大。

孵化器中的 makerspace（创新空间）拥有 1500m^2 的高科技车间，以及相关软件、3D 打印机等设备设施的实训基地，为社会公众提供实验平台，提供有偿服务。而入住孵化器的企业研发人员则可以免费使用创新空间的设备。

初创企业进入的流程如下：（1）针对理工科学生提供课程，帮助其了解如何创立初创企业及走向市场；（2）孵化启动时每年有 100 多个项目启动，随后在这 100 多个项目中遴选出 50 个可以进一步培养的项目；（3）咨询一旦经过调查发现初创企业有潜力，孵化器将撮合其与著名企业合作，并在这个阶段提供一系列咨询服务；（4）当初创公司可以出成果时，金融机构提供财力。孵化器主要关注德国企业，投资额度在 50 万～ 500 万之间。

其成功的经验主要有以下几个方面：一是依托慕尼黑丰富的教育资源，吸纳了一批热爱创新的理工科学生；二是慕尼黑的地理环境及国际化程度给当地发展提供了便利；三是孵化器作为法人独立于慕尼黑工业大学之外，有助于提高管理效率；四是孵化器定位明晰，并且注重与大型企业的合作，通过大型企业的需求拉动初创企业的研发，使得初创企业的成果更贴近市场，其成功率也越高。

4. 上海孵化器运营模式

经过二十多年的不断发展，上海科技企业孵化器已经在国内外孵化器行业中处于领先地位，成为亚洲孵化器协会主席单位、国际企业孵化器领衔城市，向全国孵化器行业输出了中国科技孵化器建设的"上海模式"。以下以同济科技园孵化器、张江科技企业孵化器为例，介绍上海孵化器的发展特色。

（1）同济科技园孵化器

2003 年 12 月，上海同济科技园孵化器有限公司成立，由上海同济科技园有限公司、上海科学技术创业中心、上海同济新实业发展有限公司和上海杨浦创业中心科技有限公司共同组建。公司位于同济大学赤峰路校区，是国家高新技术创业服务中心和上海科技企业孵化协会理事单位。孵化器内注册企业 700 多家，累计孵化面积超过 20 000m^2。

同济园孵化器依靠自身的区位优势和建立背景，形成了优势鲜明的发展特色：

一是以设计类产业为主体。同济园孵化器虽然是综合性孵化器，但是以设计类产业为主，包括城市规划、建筑设计、工业工程设计、软件开发设计等，主要是因为上海同济大学设计类的学科建设，为孵化器提供了大量的创新人才和创新氛围。在孵企业中很多是由同济大学的老师和学生创办的，这些设

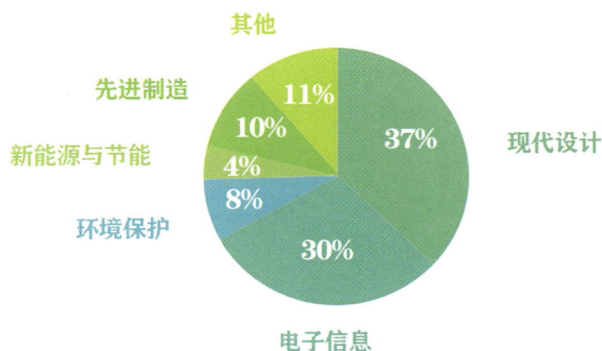

图7-15　同济园孵化器的产业布局

计类产业越来越多地集中在孵化器周边，逐渐在这个区域内形成了产业集群，为科技企业孵化器的创新集群效应提供了必要的条件和保障。

二是提供有针对性的孵化服务。同济园孵化器作为同济大学的国家大学科技园的孵化培育平台，有专门为大学生提供的创新平台服务。平台建立了专人负责制和孵化服务平台的孵化模式，为大学生创业企业实施渐进式服务。2013年孵化器内大学生创业企业有93家，是上海科技企业孵化器中大学生创业孵化做得较好的科技企业孵化器。同时为科技企业成长提供全方位的孵化服务，包括预孵化阶段和专业的孵化服务。2009年孵化苗圃成立，至今已累积培育项目175个，其中成立公司的项目有66个，并分别获得市科委等政府部门专项科研经费和专项资助经费。对于在孵企业融资困难的问题，孵化器建立专业的融资平台，与数家风险投资机构合作，包括上海科投、软银中国创业投资、联想投资、基石创投等。与多家商业银行建立了合作关系，熟悉各家金融机构的金融产品，有针对性地为企业提供咨询、中介服务，提高企业融资的成功率及效率。对具有自主知识产权、企业诚信度高、创业团队执行能力、运作能力强、已有一定经营基础且项目市场前景好的公司进行风险投资推荐或者联合投资。孵化器通过建立导师和辅导员，了解企业需求，发现企业经营困难，并及时反馈相关信息给服务平台，定期联系跟踪园区孵化企业。

三是频繁的知识溢出和转移。孵化器拥有丰富的知识资源，高校和科研机构众多。同济大学、复旦大学、上海外国语大学、上海财经大学等都在这个孵化辐射范围内，科研院所包括中科院技术物理研究所、上海材料研究所、原电力部23所、华东电力设计研究院、上海勘测设计院等，这些高校和科研院所组成的科研机构之间有着密切联系。另一方面，孵化器人才资源丰富，高层次人才云集。区域高校和研究机构聚集了一大批高层次人才——成千上万的硕士、博士和其他从事科学研究以及知识创新的人才，包括教授、研究员、高级工程师等。知识型企业快速发展的孵化器内，聚集了一批创新活跃、知识交流密切的在孵企业，同时大量的管理咨询机构、规划设计公司发展迅速，形成了环绕同济大学知识密集型的产业集群。孵化器内创新创业氛围浓厚，知识交流密切，越来越多的初创企业聚集在孵化器周边，逐渐形成了环同济知识经济圈，科技企业孵化器的创新集群效应初显。

（2）张江科技企业孵化器

2008 年，上海张江集团有限公司设立孵化器管理中心，整合张江园区现有的孵化服务资源，推广全新的孵化经营模式。张江孵化器处于张江高科技园区，伴随着上海张江高科技园区的发展建立，其创新集群效应明显，成为张江园区自主创新的重要载体。

张江科技企业孵化器最大的特点是依靠张江高新技术园区提供完整的孵化服务，进行产业链招商，推动区域的产学研合作。

一是完善的孵化服务体系。张江新孵化器的运行模式主要是解决面向中小企业园区的共同问题，帮助企业突破园区孵化器企业发展的瓶颈，提高成功率。提供服务的集约空间，在现有的政府支持的基础上，整合行业协会、公共技术平台和其他公共资源，包括物业管理、公共关系、管理、会计、法律、投资和融资等一系列的专业服务，并根据处于不同阶段的企业提供有针对性的服务。这种完善的孵化服务体系，为不同层次、不同产业的在孵企业提供了最大程度的帮助。

二是产业链招商。张江科技企业孵化器依托上海张江高科技园区资源优势，依靠浦东新区的战略地位，同时注重园区龙头企业的产业带动作用。园区成立之初，以科学研究人才培养、技术开发试点为目的，促进相关的上游

图 7-16 张江孵化器分布示意图

1 一期孵化楼　2 二期孵化楼　3 三期孵化楼　4 配套服务中心
5 生物医药楼　6 IT产业楼　7 SOHO一期　8 标杆孵化器

和下游企业形成伙伴关系，打造产业链规模生产、销售的招商模式。

三是强化产学研合作。加强与国家级和市级科研机构和国内外著名高校合作。以开放式创新的全球视野，促进产学研交流，培养高标准的孵育体系，建立公共研究开发平台，构建创新型的企业文化，增强区域经济的联动，实现创新集群的稳定发展。

5. 北京中关村运营模式

中关村科技园是中国最早的国家级高新区和自主创新示范区，在"大众创业，万众创新"的改革推动下，中关村创新创业发展日益活跃。已聚集百度、联想等高新技术企业 2 万多家，形成了以电子信息技术为主、生物工程和新医药、新材料、新能源、航空航天等多产业聚集的业态和"一区十六园"的格局。

孵化器主导者由政府向园区内龙头企业转化。近年来，中关村出现了园区内龙头企业建立创新创业孵化基地的现象，逐渐实现孵化器主导者由政府向园区内龙头企业的转化。龙头企业作为孵化器的优势是显而易见的，龙头企业利用其在细分领域的市场经验及行业社交网络和产业链优势，打造孵化平台并在该平台上构建生态，带动草根企业成为其生态圈内企业，将产业集聚效应放大。该类孵化器典型代表包括联想之星、京东 JD+ 开放孵化器等。以联想之星为例，这是由联想集团和中科院共同成立的孵化器，专注于企业早期孵化和创业培训，孵化代表有乐逗游戏、Face++、ZUK。联想之星分别于 2010 年、2014 年设立首期 4 亿元及二期 6 亿元的天使投资基金，并在中关村创业大街设立创业培训教室，为草根创业团队提供公益类培训。

重视知识产权交易及科技成果转化制度。中关村地区密集了国内顶尖高等院校、科研院所和 300 多家跨国公司研发中心，吸纳整合全球科技要素资源，形成了相对完备和体系化的知识产权交易及科技成果转化制度。2014 年中关村及北京市技术合同交易成交 3136 亿元，占全国 37%，其中一半以上辐射全国，有力支持了新经济增长点发育。通过广泛的校企合作，与众多高校、科研机构联合建立创业孵化器、联合实验室等，跨部门协作打通技术产业化最后一公里。其中清华大学 X-lab，依托清华孵化众多科技型企业，创立以来平台累计共接收项目团队超过 1000 个，涌现出诸多发展突出的优秀团队，例如"八度阳光"团队、"米公益"团队等。他们中有的获得了国家总理的点赞，有的经历了发展中的波折逐渐走上了稳步向前的道路。

6. 台湾新竹科学园运营模式

新竹科学工业园区位于台湾西北部的新竹地区，被称为"台湾硅谷"。目前拥有电子计算机及外围设备、精密仪器机械、生物工程、集成电路、通信、光电等六大高科技产业。

政府全方位的支持与推动。新竹科学工业园区的成功很大程度上得益于台湾当局在园区发展过程中的直接参与。新竹科学工业园区由台湾行政管理部门科学委员会负责，由其下设的科学工业园区管理局管理。自园区建设初期开始，政府制定了全方位包含产业、人才、专利技术等多方面政策，取得良好效果。如当局通过提供良好生活福利设施等优惠政策，吸引了大批海外留学生回流，为园区带来前沿技术和人才，并建立了园区与硅谷的联系。再如，园区鼓励科研人员研发专利，允许以高于一般比例的专利或技术参股，最高作价可占投资额的四分之一。台湾当局还从金融等方面给予园区内企业支持。首先，为推动园区内创新投资的发展，先后于 1984 年、1986 年、1990 年和 2001 年设立了四个创投政策性引导基金，分别为 8 亿、16 亿、20 亿和300 亿新台币参与创业投资活动中，并规定引导基金出资额不超过被投资公司总实收资本的 49%，且投资者日后可购回部分或全部股权。其次，为吸引外资，台湾当局还规定，海外投资人享有与本土投资者相同的优惠条件和权利，且海外的各类投资盈余、资本利得可申请汇出。在政府的推动下，新竹园区的资金来源充足，资本结构日趋多元化，成为产业聚集发展的助推器。

充分发挥专业服务、行业协会的作用。新竹工业园内有大量中介服务机构，包括同业公会、律师事务所、会计师事务所、管理顾问公司、银行金融机构等，不仅为园区内企业提供资金、技术、人才、信息等创新要素支持，还在企业之间或企业与政府之间的沟通协调方面以及企业员工的公共福利等方面起着积极作用。行业协会更是发挥了重要作用，如台湾电力电子制造商协会为园区的 IC 和半导体产业提供专业性服务，在加速企业学习和技术升级上发挥了核心作用；贸易协会和产品发展协会在开拓市场、提升企业竞争力上发挥了积极作用；国际半导体设备及材料协会台湾地区办事处，在为企业扩大市场范围、提供商机等方面重点发力。

四、专业孵化器个案分析及借鉴

为便于对专业孵化器的定位及运营模式更为了解，以江苏某精密制造（机器人与模具制造产业）孵化器策划思路为例进行说明。

1. 项目定位

在建设高水平的行业公共技术和公共服务平台的基础上，联合相关大学院所和研发机构、省精密制造及模具行业的龙头企业或关键企业，共同打造精密制造与模具产业以及机器人产业的研发、产业转型升级的核心基地，重点建设精密制造与模具设计中心、精密加工中心以及 3D 打印中心。

依托上述公共技术平台，为精密制造与模具领域的中小企业提供精密制造与模具设计、人才培训、精密器件与模具加工等服务，积极推动装备制造由组装加工向设计和精密制造转变，同时发展机器人、3D 打印及模具产业，带动本地和周边地区精密制造、模具和机器人产业的健康发展，以及传统制造业的转型升级。

2. 运营思路

（1）机器人产业

● 创客中心。与当地政府合作，在机器人孵化器内规划一定的面积，设立独立的加工室、公共协作区域以及储物、耗材商店等，并设有电焊台、激光切割机等加工设备，Arduino、传感器等创客相关零件，以及 3D 打印机和热风枪、热熔胶枪等一系列手工、电动工具，包括机械、电子、金属加工等一系列与创客、硬件相关的设备、工具和服务。在公共桌面区域，为 50 人左右的团队进行独立或协作项目，为创客、硬件爱好者、骇客、程序员、设计师、DIY 发烧友，甚至包括进行创新研发的小型硬件创业团队提供一个开放式的社区化会员空间。

不定期举办包括电子、嵌入式系统、编程和机器人等不同主题的研讨会和培训班。采用开放式社区化营运模式，为所有有志于把创意变为现实的个人和团队提供一个实验场地和基础设备。同时和全球的创客空间保持同步，逐步完善孵化、开发、教育等各项功能。

● 机器人公共服务平台。依托本市、江苏以及长三角地区的大学院校和科研机构中与机器人产业相关的资源，尤其是电机、减速器、控制器等核心部件的关键技术，在机器人产业孵化器内构建"检测＋标准＋科研"三位一体的机器人产业公共服务平台，主要包括机器人本体、应用系统和自动化生产线的测试平台，机器人本体、应用系统和自动化系统的设计仿真平台，以及关键零部件设计制造平台（包括减速器开发测试平台、智能视觉技术开发平台、移动机器人关键技术研究平台和运动控制系统试验平台等）等，推动机器人核心技术领域的快速突破。

公共服务平台还设有以下的内容：（1）电子信息、自动控制、机电一体化、自动化装备及系统集成等领域的技术方案评估和咨询、委托开发、合作开发等服务；（2）实验、测试设备共享服务；（3）专业人员技术培训服务。

● 机器人产业孵化器。整合相关的创业服务、创投投资、产业资本等方面的资源，建立机器人产业孵化器，依托创客中心以及公共服务平台，开展机器人产业项目的孵化，促进科技成果的产业化。

孵化器通过整合各方面的创新创业服务资源，为入驻的项目团队和小微企业提供相应的创新创业服务。在加快研发项目的成熟、催生新的项目公司的同时，大力扶持小微企业的成长，不断孵化和输出优良的科技项目和小微企业，为本市和江苏省机器人产业建立一个高水平的项目和小微企业源头，拓展机器人系统集成应用，发展成为我国最大的机器人产业基地、机器人核心技术研发中心、高端制造中心、服务中心和应用中心。

（2）模具制造业

围绕设计数字化、生产智能化、系统集成化、管理信息化、经营网络化，扶持计算机辅助工艺设计 /CAE/CAPP/CAM 和数字仿真等公共设计制造服务平台及工具库建设，选择一批精密制造行业，融入嵌入式技术、传感技术、软件技术等，实现信息技术与机械技术深度融合。加大信息技术的综合集成和协同应用，提高装备制造智能化水平，积极发展"工业物联网"。

● 公共技术服务平台。依托本市、江苏省，以及长三角地区的大学院所、科研机构、公共技术服务机构，整合本市及长三角模具制造产业的龙头企业、关键企业和研发机构的优势技术和设备资源，建立模具制造产业公共技术平台，开发模具制造加工软件，为本市及长三角的模具制造业企业提供系统高效的数字化、网络化、智能化的技术服务，从而降低企业技术创新的成本与风险，提升装备制造业企业的创新能力，带动本市及长三角模具制造产业的转型升级，形成与产业链整合互动的专业孵化特色。

● 模具制造技术研发中心。与本市、江苏以及长三角的大学院校、科研院所、专业设计机构合作，导入国内外先进的工业设计、管理和经营模式，承担高端、综合性和大型项目的设计；为本市、江苏省及长三角地区模具制造企业提供设计服务；组织联合技术攻关，实现科技成果的孵化，推动本市、江苏省及长三角地区模具制造业的设计创新进程；建立开放设计工作室，为不具备软硬件开发条件的装备制造企业提供设计环境；开展前沿性、引导性装备制造业设计研究。

通过技术研发中心，整合相关优势技术资源，设立模具设计、产品优化和有限元分析、企业信息管理系统的研发、企业技术难题攻关，以及模具企业信息化技术研发、新产品设计、现代模具设计及制造技术研发、CAD/CAE、UG、PRO-E 工程设计。

● 模具技术应用服务中心。聘请国内知名企业高级技师或科研专家担任技术应用服务中心的专家，与本市及长三角以及全国科研机构、知名院校开展合作建立中小企业模具制造技术研发推广中心，举办一系列科技成果对接会和发布会，拓展与企业对接的渠道与领域，为企业开发新技术、新工艺、新产品提供技术服务，加快企业科技成果的转换与产业化发展力度。

依托技术研发中心，形成产品快速成型服务和工业设计服务，全程设计制造技术服务、快速制造 RP、快速模具 RT、叉求工程 RE、数控加工。通过逆向工程、快速成型、快速模具、制造工艺的整合，使设计快速地转变成模型、样机或进行小批量生产，为客户提供需要的，富有创造性的高质量产品。实现新产品开发过程中的设计与功能验证，制造过程中的可制造性和可装配性检验；构建虚拟模具中心，聚合模具制造资源，搭建模具加工供需桥梁，降低产品开发风险、提高产品开发质量。完成了面向模具制造产业集群一站式工业设计服务平台的工作任务，形成具本市特色的模具制造产业技术服务体系。

● 公共测试平台。开展产品质量检测技术合作，共同搭建企业产品与质量检测服务平台，提供 ROHS 检测服务，提供力学性能检测服务，提供材料分析及成分检测服务，提供常规测量和三坐标测量服务，为合作企业提供大型加工仪器设备共享服务，引导本市、江苏省及长三角地区模具制造产业健康快速发展。

● 精密加工中心。联合实力强的精密制造企业打造技术装备一流、加工质量一流的精密加工中心，为中小企业提供精密模具和精密器件制造服务，降低中小企业开展精密模具和精密器件开发制造、转型升级的门槛，有效提升精密制造领域中小企业的创新能力和市场竞争力。

● 3D 打印技术公共服务平台。该平台主要着眼于提升本市、江苏省及长三角地区模具制造业企业对市场的快速应变、产品开发及技术创新能力和综合竞争力，帮助企业实现产品快速自主开发，并形成模具快速制造的前沿技术，促进产品快速开发在模具、汽车、电子等工业企业的应用，从而为这些行业带来新的经济增长点。

平台的主要功能包括：3D 打印快速制造服务；3D 打印技术应用示范与推广；3D 打印工程应用技术研究；3D 打印科技企业孵化；3D 打印设备研发与制造。

● 模具制造产业及 3D 技术产业孵化器。依托模具公共技术平台以及模具产业 3D 打印技术公共服务平台,整合相关的创新创业服务资源,建立模具制造产业孵化器,开展模具制造以及 3D 技术产业项目的孵化,促进科技成果的产业化,为本市和江苏省模具制造以及 3D 技术产业建立一个高水平的项目和小微企业源头,使之发展成为江苏乃至我国最大的 3D 技术产业基地。

五、新时期科创产业园孵化器运营保障体系建设

1. 地位和作用

(1)科技创新的中转服务平台

科技创新主要分为产品研究开发阶段、产品商品化阶段、产品产业化阶段等三个阶段。作为中转服务平台,孵化器能够有效地促进科技创新成果转化。一方面,依托平台的资源和经验,为创业者提供相应的管理咨询及服务,避免创新成果在转化的过程中由于信息错误而出现不必要的风险,促进科技创新的商业化转变。另一方面,通过孵化器让科技创新主体与投资者建立有效的联系,并调节企业与投资者之间的关系,为企业的发展争取更多发展空间,确保两者双赢。

(2)为科技创新提供资源支持

孵化器不仅为新创企业提供综合性的基础设施、资金、管理信息、法律及各种培训服务等,同时为新创企业的发展提供所需的软硬件支持。首先,新创企业发展初期由于资金限制,很难具有较好的硬件配备,而孵化器凭借政府资金及政策的扶持,具有较为完善的创新空间,能够低价出租给新创企业进行科技创新研究。其次,通过孵化器能够为企业引进专业化的管理人才,加大对企业人员综合素养培训,为企业的发展提供高素质、高专业的综合性人才。最后,孵化器还能积极为企业提供资金支持,通过多渠道为企业的发展招揽更多的资金支持。

(3)为创新创业降低风险

大多数新创企业初期存在员工少、资金缺乏、管理经验不足的现象,缺乏相应的企业家意识,不能依据市场状况做出正确的预测,从而造成创新创业面临更多的风险。孵化器能够从技术、资金等方面分摊企业创新创业所面临的风险,为创新创业提供基础保障。首先,孵化器能够提供有效的信息沟通及知识交流平台,使企业对于创新创业的信息具有全面的认识,避免一些技术风险及市场风险。风险是企业发展过程中不可避免的,通过孵化器能够将潜在的风险降低到最小值。其次,通过孵化器能够为创新创业企业带来相应的资金支持,促进企业创新创业顺利完成项目。另外通过孵化器与风险投

资联系，对于风险投资机构而言能够降低投资风险，促进投资机构积极主动地对新创企业进行投资。

2．服务体系主要内容

（1）企业入驻服务

入驻咨询服务。联系相关部门，协助办理工商登记、税务登记、验资等代理服务；提供有关政策、技术、管理、市场等咨询服务；提供与优秀的风险投资公司/天使投资人见面机会，提供投融资咨询服务及财务顾问；中小企业法律信息发布服务、劳动关系、各类企业经济合同、知识产权、投资融资等企业常规法律事务咨询及培训服务。

企业入驻安排。孵化器企业发展部门负责制定该进驻企业的孵化计划、建立企业档案、更新企业信息库、落实负责跟踪服务项目、发放孵化服务手册、讲解企业促进服务内容等。企业发展部应向入驻企业详细介绍孵化器的优惠政策及管理制度，包括扶持企业的优惠政策、孵化企业的准入制度、孵化企业的毕业制度、孵化企业的退出制度、孵化器统计管理办法等；资产运营部门负责向进驻企业介绍孵化器的房源情况，介绍租金和相关费用的收取规定，根据物业服务管理程序与企业签订房屋租赁合同、孵化协议书、消防安全和安全责任书等合同文本，并收取房租、发放钥匙、演示各项服务设施、更新房屋及收费信息系统等；物业服务部门的主要工作内容是安装电话、分配互联网络 IP、分配信箱、更新门牌及指引牌、登记初始使用的水电表、协助企业搬迁等；物业管理部门向入驻企业提供一份简易版的《进驻指南》作为新入驻企业的咨询资料。

企业服务投诉服务。孵化器在构建标准化服务程序的同时，还应建立一套服务投诉程序，不断改进服务。孵化器投诉服务应包含以下内容：公布投诉渠道；确定统一的投诉受理部门并对外公布；调查投诉事项的真实性；按照投诉项的业务性质确定投诉答复责任部门或责任人；征求投诉人对投诉处理的意见；记录被投诉的事项及处理结果和改进绩效。

企业毕业跟踪服务。在孵企业毕业后，孵化器将继续关心毕业企业的发展，帮助毕业企业解决实际问题。跟踪服务的主要内容是：一是制订毕业企业认定管理办法；二是建立常态化的毕业考核机制；三是为每家毕业企业发放毕业证书；四是安排毕业企业进入加速器发展，或向其他区域介绍推荐，以帮助毕业企业寻觅到二次创业更合适的发展空间；五是建立毕业企业回访制度跟踪制度，在生产经营用地、招聘人才、政策优惠、资金需求、市场开拓等方面继续提供服务，支持它们做大做强做优；六是建立毕业企业资料库，继续做好毕业企业经济统计工作；七是定期举办毕业企业座谈会，一方面使优秀毕业企业与在孵企业之间进行广泛交流，为初创期企业成长提供宝贵经验；另一方面了解毕业企业的整体发展情况，为产业链之间互动创造条件，满足各阶段企业不同发展时期的需求。

（2）创业辅导服务

● 企业诊断和分析

主要包括以下三方面的工作：

前期准备工作——充分调查。了解企业所属行业，其在细分子行业中的地位；企业是否制定了适合自己的战略目标，是否有自己的市场定位和盈利模式；企业的组织结构以及管理者是否有身兼多职的现象；创业团队的管理能力和技术研发水平如何；创业团队对本地区政府职能部门的政务服务内容和各类优惠政策的了解程度；企业项目目前进展情况，有无意向申请科技型中小企业创新基金；企业是否需要风险投资、银行贷款等一系列金融服务；企业在初创期遇到的困难有哪些；企业需要孵化器提供哪些物业配套设施；企业目前存在的问题及三年发展规划。

整理分析工作。对调查内容汇总分析，找出企业的优势及薄弱环节；分析结果形成文字材料，为制定相应的服务方案打下基础。

资源整合工作——形成解决方案或合理化建议。针对企业当前面临的诸多问题和发展障碍，归纳总结出具有可操作性的解决方案和指导性的合理化建议；与企业负责人面对面进行交流沟通，帮助企业解决实际问题；根据孵化企业反映的诸多问题和发展障碍，整合政府职能部门、投融资及中介机构、高校及教育培训机构和成功企业的资源与优势，有针对性地开展咨询诊断和辅导培训活动。

● 创业辅导培训规划

整合培训资源。组建专业的、符合孵化器需求的咨询辅导团队，构建和完善培训师体系。配备实用的培训场地和教学设施。

培训课程规划。科学设置培训课程，可以包括以下领域，创业企业家领域；组织管理能力领域；人力资源领域；项目管理领域；企业法律领域；市场与销售领域；生产与维护领域；采购与物流领域；财会与税务领域；行政管理与信息化建设领域等。

多层次创业辅导制度。初创企业联络员。主动联系、跟踪企业发展情况，每周联系 4 至 5 家初创企业，了解他们的现状、问题和需求，及时发现问题并加以解决；负责企业与孵化器、企业与政府各职能部门的沟通与对接；解答初创企业的疑难问题，并协助企业联系各职能部门落实相应的服务要求。每个月、半年或一年，集中汇集企业的发展情况，经分类归纳和整理，分析企业整体发展的进度，制订或调整相应的促进工作的对策。

创业辅导员。全面了解企业基本状况，帮助企业建立、健全其内部的各项管理制度；帮助企业分析企业在技术研发、质量监督、生产、营销、人力资源、财会税收、企业文化建设等方面具有的优势与劣势，提出合理建议；整合各种社会资源，帮助企业解决困难，充分发挥团队集体辅导的作用。

创业导师。以一对一、一对多或多对一的方式对创业者进行定期的创业辅导，可以专门拟定辅导方式及协议等文件，每半年对服务企业的情况写出书面总结意见；对孵化器创业联络员或辅导员等进行培训；对孵化器整体经营管理人员，尤其是决策层进行辅导培训；整个导师团队聚集的共性创业智慧、经验的整理、撰写，相关论坛、会议的讲演、传播。

创业导师来源。与火炬计划、高新区、孵化器相关联的成功企业家；创业投资、风险基金领域专家；银行、金融领域专家；咨询、财务、法律等中介机构领域专家；大学创业学教授及科技领域有丰富经验的实践工作者。

（3）技术创新服务

孵化器技术创新服务属于服务价值链的高端，该服务不仅涉及设备、物业、资金等硬性资源的投入，还与知识、理念、文化、网络等软性资源的驾驭密切相关。因此，孵化器技术创新服务是指孵化器以中小企业技术创新能力的提升为目标，以孵化器自身所拥有的各项软硬性资源为基础，以在孵中小企业的知识架构、技术开发、成果转化等创新内容为主体，基于市场机制而开展的信息沟通、技术评估、创新培训、资本运营以及其他相关服务活动的集合。可以说孵化器技术创新服务的本质不仅表现为对民营中小企业技术创新潜能的强化，更体现为孵化器借助多元化的服务手段促进在孵民营中小企业通过技术创新来掌控市场版图和实现财富版图。

技术专家支持。充分利用大学、科研机构等技术人才密度大、人力资源丰富等优势，根据在孵企业的专业特点，重点联络、组织相关的专业技术人才和专家，建立专家系统库，满足在孵企业的各方面要求。同时，孵化器还利用自身广泛的网络结点，为企业推荐优秀的研发人员，为企业聘请权威专家，解决企业对专业人才的需求。

技术转移、技术支持服务。孵化器帮助孵化企业进行科技项目的评估、立项、鉴定及成果、专利申报，研发过程中技术难题的协助解决；孵化器通过常设技术交易平台，或与大学和科研院所的网络合作，协助技术创新源头的大学和科研院所加速向孵化企业转移技术，提高孵化企业的技术创新水平；同时帮助孵化企业的技术成果向外转移，以充分实现技术成果的价值。搭建专业共享实验室、小试中试技术平台、分析检测技术平台、通信网络设施等公共技术服务平台，营造有利于产学研合作的良好环境，促进高等院校、各类科研机构、企业聚集，建立相互间的合作关系，实现产学研结合。

（4）投融资服务

通过孵化资金、融资策划、银企对接等形式，将风险投资的概念导入孵化器，对企业进行融资知识的传播和融资能力的培育。

建立由孵化器、创业企业、担保机构、投融资机构、政府机构等组成多元的投资风险分担机制。探索与互联网金融服务机构合作，协助在孵企业利用股权众筹方式融资。探索包括融资租赁、知识产权质押、打包贷款、小微贷、优先股、可转换债券等针对创业企业的融资服务。

针对各种不同的企业类型，设立创业投资基金、股权投资基金，鼓励各类孵化器充分利用政府设立的各类母基金建立子基金，与金融投资机构等外部资本合作设立各类子基金。支持孵化器采取自投、跟投、领投等方式，投资在孵企业和毕业企业。

（5）专业服务

政策服务。国内孵化器的发展得益于政策的引导和扶持，例如国务院各部委及各地方政府为推动孵化器发展在规划建设、土地开发、招商引资等方面制定了一系列优惠政策。同时各地政府为发展高新技术产业，针对不同的行业特点也出台颁布了相关优惠政策措施。孵化器通过培训、宣讲、代理等多种形式将政府相关政策落到实处，使得入园企业在产业促进、人才引进、资金支持等领域充分享受政府的优惠政策，在行业内成为示范与引领企业。针对入园不同行业企业的特点和需求，集中设立服务机构，围绕行业发展前沿动态资讯、行业最新政策动态、税收减免、政策补贴、行业扶持等提供咨询服务；同时为企业创业专项、贷款绿色通道、创新基金、产业化专项申报等提供服务。

知识产权服务。孵化器的知识产权服务是指孵化器以自身专业知识和技能为根本，围绕知识产权的确权、维权和用权，以在孵企业知识产权核心竞争力提升为目标，基于市场机制为在孵企业开展知识产权代理、转移、诉讼、许可、评估、咨询、培训以及其他相关服务等业务活动的集合。

从外部成果表现上看，孵化器的知识产权服务不仅表现为对在孵企业知识产权创造潜力的强化和知识产权存量的提升，更表现为孵化器运用多元化的服务手段将在孵企业的知识产权资源市场化和价值化，即知识产权的增值和增效。从内部运行本质上看，孵化器的知识产权服务就是以服务资源为基础，以在孵企业知识产权竞争力的强化为目标，利用知识产权服务来促进在孵企业创造知识产权掌控技术版图、应用知识产权争夺市场版图、运营知识产权赢得财富版图的一组动态服务集合体。与传统服务不同的是，孵化器的知识产权服务属于知识服务业价值链的高端，具有明显的知识资本密集性、高系统性、高附加值性和高交互性等特征。

人才引进服务。孵化器的入驻对象有时会是一位或几位拥有特殊科技技术的创业家，他们没有固定的公司结构，自身的人员配置也不完整，在运营管理、财务、人事等方面对专业人才的吸引程度非常低，因此很难形成有效的人力资源和组织框架来支持自身的研发和业务扩展。这类入驻对象，除了对基本的场地和共享设施的需求之外，还需借助孵化器强大的公共平台功能，吸纳同样富有创业精神的专业人才，一同实现创业梦想。依托孵化器平台，统一采购人才招聘服务，采取集中式校招或社招，降低创业企业招聘成本。也可通过线上双选会和空中宣讲的形式，打通高校就业中心、学生媒体平台等，提升人才招聘的效率和效益。通过孵化器平台，与高校、科研机构等人才培养和基础应用研究单位建立联系，为创业团队引进技术顾问、实习生等创造条件。

市场推广服务。针对在孵企业制定营销策略，为在孵企业的服务和产品进行推广和行销，使企业能够更好地被社会和市场所接受，最大限度地满足国家经济和科技的宏观需求，这也是对孵化器孵化功能的一种创新和扩展。一般而言，初创型企业在创业初期拥有较强创新能力以及技术优势，但由于组织结构单一，人员配置成本高，使其并不具备独立完整的市场营销职能部门，造成在科技成果转化的过程中，在孵企业对市场的灵敏度较低，把握市场的能力薄弱。产品或服务不能得到及时有效的推广，从而在一定程度上制约了在孵企业初期的快速发展，影响了企业孵化器的孵化效果，降低了孵化成功率。通过孵化器的专业营销指导，可使在孵企业产品搭乘孵化器专业营销的快车，使新产品迅速占领市场，从而提高初创企业市场效益，保证在孵企业成功率，也进一步实现了企业孵化器和在孵企业的联动效应。

（6）行政办公和物业服务

行政办公服务。作为知识密集型的创新企业，科技创业企业需要较完善和高端的网络技术、办公设备和相应的办公服务环境。孵化器为孵化企业提供各项办公设备及其相关配置的商务资源。主要包含公共秘书服务、商务代理服务、办公礼仪服务等。

物业服务。物业清洁管理：包含大堂、楼道保洁，电梯及电梯厅保洁，共用卫生间保洁，标识、宣传牌、雕塑、信报箱保洁，绿化带保洁，水池、沟、渠、沙井保洁，监控探头保洁，垃圾收集与处理，卫生消杀等。安全防范管理：包含紧急事故反应，交通、车辆引导，消防管理等。档案资料管理：档案资料齐全完整；分类成册，管理完善，合理分类，查阅方便。

参考文献

[1] 北京中海投资管理有限公司,中关村创新研修学院. 中关村"创客军团"[M]. 北京：中国经济出版社，2016.

[2] 布拉德·菲尔德（Brad Feld）. 创业园：创业生态系统构建指南 [M]. 陈耿宣译. 北京：机械工业出版社，2016.

[3] 岑伟红. 政府或其代理人主导建设的产业园区项目规划设计策略：以张家口生命科学孵化器项目为例 [J]. 中国勘察设计，2018（12）：92-96.

[4] 柴彦威. 空间行为与行为空间 [M]. 南京：东南大学出版社，2014.

[5] 陈平，康铭东，蔡洪彬. 基于数字信息技术的工业园孵化器建筑功能设计研究 [J]. 工业建筑，2017，47（2）：47-51.

[6] 陈颖. 众创时代下的科技企业孵化器建筑设计研究 [J]. 华南理工大学，2018.

[7] 陈雨行. 众创空间的起源、发展及其建筑空间设计策略初探 [D]. 武汉大学，2017.

[8] 陈志青. 提升创业中心孵化器建筑设计空间环境 [J]. 设计研究，2006(6)：82-83.

[9] 崇宗琳，郝彬. 科技创新创业的新型服务载体 [J]. 城乡建设，2018(12)：215.

[10] 邓辉，钟斌然. 强化科技企业孵化器作用助推钦州经济新发展 [J]. 钦州日报，2020，6（2）.

[11] 方晓波. 专业孵化器商业模式创新探索 [J]. 科技创新导报，2019（11）：250-253.

[12] 高小舟. 浅谈岭南地区"产业孵化器"的规划设计：以广州纳金科技企业孵化器项目为例 [J]. 建筑节能，2016（7）：129-130.

[13] 高小舟. 浅谈作为"孵化器"的办公建筑设计 [J]. 规划与设计，2016(5)：108-109.

[14] 哈尔滨宽域未来科技发展有限公司. 打造"云端 + 孵化"双轮驱动模式 [J]. 奋斗，2020（9）：33.

[15] 何镜堂，梁志超，包莹. 科技园区公共交往空间设计探索 [J]. 设计研究，2009（7）：80-82.

[16] 寇垠. 创业孵化器产业的内涵界定、效率评价与转型对策 [J]. 汉江学术，2017，2（1）：91-97.

[17] 兰德尔·斯特罗斯（Randall Stross）.YC 创业营：硅谷顶级创业孵化期如何改变世界 [M]. 苏健译. 杭州：浙江人民出版社，2014.

[18] 雷宇，李万仙，谢琼等. 专业科技企业孵化器公共技术服务平台研究 [J]. 云南科技管理，2018，31（4）：1-4.

[19] 李恒光. 科技企业孵化器内涵界定的理论梳理 [J]. 辽东学院学报（社会科学版），2007，9（4）：38-43.

[20] 李帅，曹萌，耿强. 基于孵化价值的孵化器盈利模式探讨 [J]. 中国商论，2020（11）：5-6.

[21] 林世爵，何静. 加快推进广东科技孵化育成体系建设助力粤港澳大湾区"双创"生态系统构建 [J]. 广东科技，2020，29（4）：14-17.

[22] 刘芃. 浅议高新技术孵化器的建筑设计 [J]. 应用研究，2006，10（10）：80-83.

[23] 刘启强. 紧抓时代契机为粤港澳大湾区发展服务 [J]. 广东科技，2020，29（4）：10-11.

[24] 刘启强. 深圳市孵化器协会：迎创新浪潮 领行业迈向高端 [J]. 广东科技，2020，29（4）：45-46.

[25] 罗云. 创新创业背景下科技企业孵化器转型探索与实践 [J]. 经济师，2020（5）.

[26] 马凤岭，王伟毅，杨晓非. 创业孵化管理 [M]. 北京：人民邮电出版社，2019.

[27] 潘冬，刘东皇，张媛媛. 科技企业孵化器知识产权服务升级影响因素及优化建议 [J]. 科技进步与对策，2019，36（9）：26-33.

[28] 盛迪杰. 基于环境心理学理论的众创空间空间设计研究 [D]. 东华大学，2016.

[29] 史蒂文·霍夫曼（Steven S.Hoffman）. 让大象飞 [M]. 周海云，陈耿宣译，北京：中信出版社，2020.

[30] 汤晓骏. 联合办公的协作模式与空间设计研究 [D]. 东南大学，2017.

[31] 唐欣，杨永峰. 生物医药类企业孵化器建筑设计初探：以青岛蓝色生物

医药产业园孵化中心为例 [J]. 建筑知识，2013（9）：115.

[32] 田苗 . 众创时代下的创新型孵化器建筑设计研究 [D]. 华南理工大学，2016.

[33] 万小梅 . 科技孵化器建筑的探索：合肥民营科技创业服务中心设计概要 [J]. 江苏建筑，2005（4）：13-14.

[34] 汪斌 . 中科加速器十赢模式解析 [J]. 经济，2020（5）：71-75.

[35] 王伟 . 关于科技企业孵化器定位及其发展的探究 [J]. 华东科技，2020（6）：58-64.

[36] 王友双 . 基于 O2O 的科技孵化器的运营管理探析：以江苏省高新技术创业服务中心紫东孵化基地为例 [J]. 江苏科技信息，2017（12）：29-32.

[37] 魏志远 . 企业加速器空间布局与主要功能设计 [J]. 城乡规划·设计，2019，2（16）：54-55.

[38] 吴人杰，杨艺，田原 . 从设计思维角度探求创业孵化器的室内设计原则 [J]. 设计学，2019（4）：213-214.

[39] 吴人杰 . 当前孵化器办公空间室内设计研究 [D]. 北京林业大学，2019.

[40] 徐劲 . "企业孵化器建筑"设计研究初探 [D]. 西安建筑科技大学，2004.

[41] 徐礼佳 . 创新主体视角下众创空间发展特征及策略研究 [D]. 东南大学，2018.

[42] 张东 . 科技企业专业孵化器发展方向建议 [J]. 现代经济信息，2018(22)：342, 345.

[43] 张敏 . 再谈孵化器的发展趋势 [J]. 中关村，2020（5）：49-51.

[44] 张乾元，周越 . 众创空间设计探析 [J]. 艺术探索，2016（9）：274-275.

[45] 张育广，许泽浩，罗嘉文 . 创新创业教育：生态系统、前孵化器及众创空间 [M]. 广州：暨南大学出版社，2017.

[46] 赵黎明，吴文清 . 科技企业孵化器与创投合作治理及政策研究 [M]. 北京：中国经济出版社，2013.

[47] 周新欣 . 众创时代下"传统型孵化器建筑"空间可变设计研究：以深圳为例 [D]. 深圳大学，2017.

[48] 朱婧，左洋 . 基于事实性数据的广东省专业孵化器发展现状、特点及模式分析 [J]. 科技创新发展研究战略，2019，3（4）：7-13.